（Stian Westlake）
_著

江生　于华
_译

重启未来

RESTARTING THE FUTURE

HOW TO
FIX THE INTANGIBLE ECONOMY

无形经济的
挑战与应对

中信出版集团｜北京

图书在版编目（CIP）数据

重启未来 /（英）乔纳森·哈斯克尔，（英）斯蒂安·韦斯特莱克著；江生，于华译 . -- 北京：中信出版社，2022.12

书名原文：Restarting the Future: How to Fix the Intangible Economy

ISBN 978-7-5217-4849-9

Ⅰ.①重… Ⅱ.①乔… ②斯… ③江… ④于… Ⅲ.①经济学－研究 Ⅳ.①F0

中国版本图书馆 CIP 数据核字（2022）第 190693 号

重启未来
著者：　　　[英]乔纳森·哈斯克尔　[英]斯蒂安·韦斯特莱克
译者：　　　江生　于华
出版发行：中信出版集团股份有限公司
　　　　　（北京市朝阳区惠新东街甲 4 号富盛大厦 2 座　邮编　100029）
承印者：　　鸿博昊天科技有限公司

开本：787mm×1092mm 1/16　　　印张：18.25　　　字数：180 千字
版次：2022 年 12 月第 1 版　　　印次：2022 年 12 月第 1 次印刷
京权图字：01-2022-6283　　　　书号：ISBN 978–7–5217–4849–9
　　　　　　　　　　　　　　定价：89.00 元

目录

图表　III

导言｜如何重启世纪　VII

第一部分
问题的症结与原因

第 1 章　经济大失望　003

第 2 章　经济危机是一场无形资产危机　043

第 3 章　无形资产危机　061

第二部分
修复已发生变化的经济

第 4 章 "科学和实用技术的进步" 097
第 5 章 金融架构 121
第 6 章 让城市更好地运转 153
第 7 章 减少不良竞争 179

结论｜重启未来 207

致谢 229

参考文献 231

图表

图

1.1 与金融危机之前的经济趋势相关的人均产出 006

1.2 美国的托宾 Q 比率 008

1.3 1980—2016 年世界各收入群体的增长 010

1.4 业绩差距 012

1.5 2000—2015 年全球平均加价 013

1.6 1980 年以来发达国家的利率，灰色区域显示了 17 个发达经济体的第 90 到第 10 百分位数 015

1.7 1300 年以来前沿经济体的增长 019

1.8 扣除销售成本的预计加价（美国，Compustat 数据库中的公司）027

1.9 1977—2017 年的美国投资率 030

1.10 主要发达经济体的有形资产和无形资产投资 030

1.11 无形资产投资：实际增长与趋势增长 032

1.12 资产服务的增长趋势 032

2.1 全要素生产率和无形资产服务的增长 048

2.2 美国有形资产和无形资产收益率 051

2.3 按无形资产集中度划分的聚集演变（顶级的八家公司份额），包括比利时、芬兰、法国、意大利、日本、西班牙、瑞典、英国和美国 051

2.4 按无形资产密集度划分的生产率分布演变 052

3.1 安布罗吉奥·洛伦泽蒂，《善治对锡耶纳及其辖区的影响》，锡耶纳市政厅 062

4.1 塔巴洛克曲线 108

5.1 1995—2015 年安全资产和资本收益率 140

5.2 无形资产投资强度和资本收益率利差 142

6.1 有意将居家办公作为长期商业模式的比例 161

6.2 预期长期居家办公的行业净生产率百分比与报告居家办公提高行业净生产率的百分比 161

7.1 2002 年以来前八大行业的集中度：13 个发达国家行业销售额排名前八的企业集团所占份额 182

7.2 美国国内外利润份额 186

C.1 提供集中化物品：约束 211

C.2 无形资产如何影响权衡 215

表

1.1　欧元区、英国和美国人均增长的来源　025

3.1　交易条件与支持它们的制度类型　075

3.2　交易与制度类型　091

导言
如何重启世纪

20世纪在振奋人心的乐观情绪中结束。人们希望，新技术和新业态在不久的将来会引领人类走向更繁荣的盛世。然而，现实却截然不同。在过去20年里，发达经济体的表现一直令人失望。本书对症下药，提出了对弊病的新解释，同时指出解决问题和创造经济的方法，该方法将促进经济更快、更公平、更可持续地发展。

遏制明天：塞尔登的铜标牌
与洛伦泽蒂的壁画

回顾过去，有时看似必将发生的祸患最终以险胜告终，而貌似十拿九稳的美事却根本没有发生。要思考这个问题，可以想想两件古董：汽车上的铜标牌和有着七百年历史的壁画。

或许，没有哪项技术能比汽车更好地定义 20 世纪。无论好坏，它对我们的生活方式、经济、城市和气候都产生了影响。即使在 20 世纪初，人们也将其视为未来的标志。倘若看一下 1900 年前后的老式美国汽车，你会发现它们多数都有一个不寻常的特征：车上镶着一块铜标牌，标明设计者是乔治·塞尔登。如果你在汽车先驱卡尔·本茨或亨利·福特的名单中从未听过他的名字，那是有原因的。塞尔登不是工程师，而是一名专利律师，当时他没有生产过一辆汽车，但他确实在 1879 年申请了一项专利，声称该专利涉及所有的汽油驱动汽车（美国专利 549160）。[1] 他充分利用了这项专利，瞅准时机与数家公司形成了垄断联盟，向售出的每辆汽车收取专利费——这是当今专利投机者的前身，以其子虚乌有的专利勒索科技公司。一个充满活力的行业眼看就要沦为贪婪的企业集团的牺牲品。几年后，亨利·福特拒绝接受该专利，经过八年的诉讼，最终胜诉。后来的事尽人皆知。但形势也可能朝不同的方向发展，将美国汽车业推向另一条路，对更加纷繁复杂的汽车史产生广泛影响。铜标牌提醒人们，汽车业的发展之路并非确定无疑。

专利之战并不限于汽车业。仅仅几年之后，美国航空业爆发了一场类似的战争，它定义了该行业，使其陷入被摧毁的边缘。好莱坞之所以成为电影的代名词，部分原因是早期的电影制作人为摆脱托马斯·爱迪生电影专利公司的法律约束，纷纷前往好莱坞。许多新技术的发展及其经济成果取决于规则、法律和制度方面的好运，这些专利战就是历史经验的例证。

不合理的规则险些将一项重大技术扼杀在摇篮里，塞尔登的铜标牌是幸运的经济挣脱了糟糕束缚的提示物。但有时，社会发展就没那么幸运了，腐败的制度会导致物质文明停滞不前。锡耶纳市有一处热门景点，那儿有安布罗吉奥·洛伦泽蒂（活跃于 1317—1348 年）创作的一组精美壁画，描绘了该城市 14 世纪的风貌。在玫瑰红和淡紫色的背景下，塔楼和市场清晰地跃入眼帘。商贩在街上做买卖，快乐的市民翩翩起舞，一切景物栩栩如生。壁画位于锡耶纳市政厅执政委员会的会议室，名为《善治对锡耶纳及其辖区的影响》。它昭示着一个基本的政治观点：良好的制度可以促进经济繁荣。还有什么地方比这儿更适合展示它呢？ 14 世纪初，锡耶纳市和意大利北部周边城市的经济取得了非凡的成就。通过对贸易、金融和投资的支持，它们解决了困扰西欧多数国家几个世纪的温饱问题。但随着壁画颜料的日渐黯淡，经济潮流开始逆转。面对新经济，曾经促进锡耶纳市繁荣发展的制度难以奏效。与意大利北部的许多城市一样，锡耶纳市开始停滞不前，最终走向衰败。市政厅的壁画令人伤感地提醒着人们这座城市逝去的辉煌。

锡耶纳市的历史引发了一个重要问题：随着经济的增长和变化，经济需要怎样的制度、规范和策略？我们将在第 3 章进行探讨。

经济大失望及其症状

在思考如今的经济状况时，我们不禁会想，它本不该是这样的。世界从未像今天这般富足，先进的技术正改变着人类生活的各个层面——然而，似乎人人都清楚，我们的经济显然出了问题。

20世纪70年代末，英国的弊病如此严重，以至获得了"欧洲病夫"的专称。如今，没有哪个富裕国家会因其经济问题而得名，但我们在不同的国家接二连三地看到五种症状：停滞、不平等、不良竞争、脆弱和不真实。这些症状不仅在客观上令人不悦，而且有些都难以解释（背离了传统经济学的解释范畴，或者表现出意料之外的矛盾现象），因此应引起重视。在此，我们简要介绍一下这些症状，更详细的解释见第1章。

停滞。十多年来，生产率增长一直非常缓慢。相较于21世纪增长率持续状态下应有的人均收入，富裕国家的实际人均收入下降了25%。低增长周期本身并不罕见，但目前的经济衰退既漫长又令人费解。事实证明，超低利率和一系列刺激经济的创新举措都无济于事。人们对新技术，以及利用新技术开展新业务充满了热情，停滞与这种热情共存。

不平等。20世纪80年代以来，无论是从财富还是收入的角度来衡量，不平等程度都显著加剧，并且一直在持续。但如今的不平等不仅仅涉及贫富差异，它已发展成一个复杂问题，我们称为尊严的不平等：上层精英与那些在文化、社会变革中的落后者差异显著。虽然尊严和物质富足之间有一定的相关性，但这种相关性并不绝对。那些感觉被现代社会抛在身后的人，有不少是富有的退休人士，而自由派精英则包括许多穷困潦倒、负债累累的大学毕业生。

不良竞争。作为市场经济的命脉，竞争似乎并没有发挥应有的作用。企业的财富似乎更加固化。那些规模达到万亿美元的企业，如亚马逊和谷歌的业绩一直优于落后企业，获得了极高的利润。新成立的公司越来越少，人们跳槽或找工作的机会也变得日益渺茫。我们还发现一个矛盾现象：经济生活中的竞争极不理性、压力重重且造成了浪费。许多人（包括客观上衣食无忧的人，甚至是富人）在抱怨这一趋势愈演愈烈的同时，不得不加倍努力，以免落于人后。

脆弱。新型冠状病毒肺炎（简称"新冠肺炎"）疫情表明，即使是世界上最富有的经济体也无法抵御自然的力量。事实上，疫情造成的破坏与经济的复杂性和成熟度有关。庞大而密集的城市、复杂的国际供应链，以及全球经济前所未有的互联性，为病毒在国家之间的传播提供了条件，增加了控制病毒所需的封锁成本。即使在 15 年前，在偏远地区暴发的疫情对富裕国家来说最多也只是一则小新闻。如今，由于全球化、供应链和互联网的存在，我们似乎越来越容易受到来自另一大陆蝴蝶效应的影响。

对许多人来说，新冠肺炎的毁灭性打击是一种预警，提醒我们未来将发生灾难性的气候变化。疫情的实际影响与全球变暖的预期影响相结合，说明经济容易遭受生态系统的重大威胁。这两个问题还有一个共同点：解决方案和实际执行之间存在着奇怪的差距。中国台湾和泰国的做法已经证明，合理的政策有助于降低新冠肺炎死亡人数和经济损失。同样，它们也制订了周密的经济脱碳计划。但知与行之间的差距很大，大多数国家和地区似乎无法消除这一差距。

脆弱的另一个表现是，央行抵御经济冲击的能力下降。从美国的 9 次经济衰退到新冠肺炎疫情期间，美联储平均降息 6.3 个百分点。[2] 英国在新冠肺炎疫情之前的 5 次经济衰退中，利率下调了 5.5 个百分点。自 2009 年以来，美国、英国和欧洲大陆央行设定的平均利率分别为 0.54%、0.48% 和 0.36%（数据截至 2021 年 4 月）。在利率方面，央行所谓的政策空间似乎非常有限。

不真实。21 世纪经济令人失望的最后一个特征不在经济学家讨论的范围之内，但在圈外人的讨论中显得尤为重要。我们称其为不真实或虚假：员工和企业缺乏应有的勇气和真诚，这是他们曾经拥有的品质。想想人类学家大卫·格雷伯对"狗屁工作"的批判："在某些奇怪力量的驱动下，拿薪水的文员越来越多"，而"减员增效总是落在那些从事制造、运输和维修的员工的身上"。[3]

格雷伯的批判追随了让·鲍德里亚等后现代主义者的脚步。鲍德里亚认为现代世界由"拟像"主导：模仿和符号，如同迪士尼乐园，呈现出其独有的、与现实世界脱节的新生活。[4] 同样，保守派评论家罗斯·多塞特认为，现代堕落的特征之一是，文化、媒体和娱乐充斥着模仿，而非原创。现代世界中的混搭、叙事和组织方式前所未有。[5]

这种观点引发了公众的共鸣。类似发展制造业、政府应采取更多行动促进制造业发展的想法一直深受选民的欢迎。将制造业带回美国是唐纳德·特朗普 2016 年最具说服力的选举承诺之一。面对全球金融危机，历届英国政府的承诺都是"新产业、新工作"以及"制造业大发展"。这些承诺都没有兑现，却鲜明地反映了社会舆情——我们应该回归"制造"，许多现代经济活动并不真实。

经济和社会经常发生阶段性动荡，但上述五大问题特别令人费解，且自相矛盾。以前我们受过经济停滞的影响，但今天，它与低利率、高商业利润共存，同时存在的还有人们的普遍信念，即我们生活在技术飞速发展的时代。物质不平等已经放缓它的脚步，但其后果和后遗症——地位不平等、政治两极分化、区域差异、社区衰败和过早死亡——却在持续恶化。[6]而且，正如我们在第 7 章讨论的，竞争似乎已经减弱，新公司越来越少，领军企业和落后企业之间的业绩差距更加稳定，但管理者和员工都觉得他们承受着前所未有的压力。

本书回答了两个关键问题：是什么导致了这些症状？对此我们能做出哪些改进？

对经济大失望的解释：行为论、环境论与转型经济

事情一旦发展成烫手的山芋，就不缺少解释其原因的理论。正如我们在第 1 章讨论的，对经济大失望的解释往往分为两类：行为归因论和环境归因论。

行为解释认为，如果我们采取更好的行动，现在的问题就不会出现。左翼批评家认为，应该用更高的税收或更严格的竞争法来推翻新自由主义；右翼批评家指责企业家精神的衰退，哀叹"创建"文化的失落。环境解释更具宿命论色彩。一些人认为，我们今天所面临的问题只是经济长期失败的表现，资本主义自食恶果。另一些人则认为，停滞是进步的必然结果，也许过去的增长率取决于技术上的好运，例如内燃机、电气化、电视以及室内水暖系统等突破性发明的问世，而今天的技术就没那么幸运了。一些环境解释悲观地认为，过去 20 年代表着一种新常态；另一些人则更为乐观，他们预测，一旦找到开发新技术的高效方法，未来的情况就会好转。

有些理论基于这样的假设，即人类受到上天的捉弄，已走向衰败，或者科技大发展只会对人类不利。我们对这些理论持怀疑态度。本书提供了另一种解释。我们认为，经济正在经历一场根本性转变，从以物质为主转变为以思想、知识和关系为基础。遗憾的是，经济所依赖的制度在很大程度上未能跟上转变的步伐。经济困在不可挽回的过去和无法实现的未来之间，我们看到的问

题就是其病症的表现。

在 2017 年出版的《无形经济的崛起》一书中，我们记录了从以物质为主的经济向以思想、知识和关系为基础的经济的转变，以及投资向无形资产（如软件、数据、研发、设计、品牌、培训和业务流程）的转变。这种转变已经持续了 40 多年。正如我们在本书中将要阐明的，这一变化本身就可以解释经济大失望的某些特征——从日益加剧的尊严不平等，到领军企业和落后企业持续存在的差距。

在写作《无形经济的崛起》期间，我们觉察到无形资产发展中一个完全出乎意料的现象：无形资产投资在金融危机前后似乎开始放缓。这一现象令人措手不及，毕竟，无形资产投资经历了几十年的稳步增长。软件和研发等无形资产投资，以及平台、网络和强势品牌带来的无形利益，对企业来说只会越来越重要。无形资产丰富型企业在全球股票市场的主导地位不断增强。在微观层面上，无形资产的投资需求并没有减少的迹象。最初我们认为，无形资产投资放缓一定是全球金融危机的暂时后果。但越来越多的数据显示，经济衰退并非暂时的，它已伴随我们 10 年了。我们认为，它解释了这一时期生产率增长下降的大部分原因。

一场未完成的革命

我们认为，根本问题在于不合理的制度（详见第 3 章）。经济活动取决于制度，这是经济学家和非专业人士普遍认同的观点。制度即道格拉斯·诺思所说的"人为设计的政治、经济和社会互动约束"，或阿诺德·克林和尼克·舒尔茨所说的经济的"操作系统"。健全的制度有助于交易：促进贸易、投资和专业化，从而推动经济发展。健全的制度必须解决交易中的四个问题：确保充分的承诺、解决集体行动问题、提供信息和限制浪费性的影响力活动。

关键问题是，无形资产具有特殊的经济属性，因此必须调整制度以适应这些特性。例如，考虑集体行动需求的增长：企业不愿资助基础科研或职业培训，为这种无形事务提供资助的公共机构在经济政策中就变得更加重要。此外，还要考虑信息需求的增长：有些公司的资产难以用作贷款担保，资本市场和银行体系必须能够向其提供贷款。与此同时，浪费性的影响力活动也在增加：知识产权赋予无形资产所有权，围绕知识产权的诉讼越来越多。在无形资产投资蓬勃发展的人口密集区，还出现了关于规划和分区的异常纷争。缺乏合理的制度会产生两个问题：（1）无法进行有价值的无形资产投资，导致经济增长放缓；（2）无法遏制无形资产丰富型经济中潜在的不利因素。

某些制度足以将无形资产增至 GDP（国内生产总值）的15%，却无力走得更远。我们可以用化学催化剂的隐喻来思考其原因。（我们向反对隐喻推理的经济纯粹主义者致歉，同时指出，经济学已充满隐喻概念。）酿酒师都知道，酵母会产生酵素——一种在糖转化为乙醇和二氧化碳的过程中起催化反应的酶。然而，发酵液体中的酒精度一旦超过15%，酵母就会死亡，无法产生反应所需的酶。酵母可以酿造葡萄酒和啤酒，但不能酿造白兰地和威士忌。化学工程师谈论得更普遍的现象是催化剂污染，即因杂质或其引发的反应导致催化剂失效。

无形经济所依赖的制度似乎也以同样的方式发挥着作用。在某些情况下，无形经济友好型制度只占经济的一小部分，不可能扩大规模。风险投资业就是一个例子，它为许多无形资产密集型大企业提供了早期融资。在另一些情况下，无形资产在资本存量中的占比很小，当它变得越来越重要时，原来的小缺陷和小瑕疵就会逐渐发展成大问题。比如，由漏洞百出的知识产权制度引发的专利战，学者为完成发表任务进行的学术造假，以及阻碍集体发展的规划纠纷。此类问题要比20世纪80年代更为严重。

除此之外，无形经济发展的结果，如不平等的加剧，或者自由派精英与落后大众差距加大带来的政治影响，都会削弱无形经济所依赖的制度。拥有无形财富的精英正在崛起，选民对此愤愤不平，他们选择了民粹主义政府，这些政府削减了对可进行无形资产投资的机构（如科研机构）的资助。占主导地位的企业会通过有效的软件或网络支持游说，让竞争对手的生存雪上加霜，从而达到阻止其投资的目的。结果，制度不健全的成本进一步加大。

无形资产变得日益重要，而经济所依赖的制度却像大银行或政府部门的老式软件系统：体系结构已经落伍，成本也越来越高。软件开发人员将其称为技术债务。起初，这些缺陷、结构上的不足和替代方案还可以接受，但随着时间的流逝，它们的成本会增加。如果无法偿还债务，系统终将崩溃。公众很少意识到技术债务的存在，也许最著名的例子是千年虫（Y2K），修复它需耗费数千亿美元，但它潜伏在我们日常使用的无数软件中。无形资产的重要性与日俱增，产生出一种更大、更普遍的技术债务，我们称为制度债务。

偿还制度债务

本书的下半部分分析了制度债务的四大领域，它们阻碍了未来的无形资产投资，加剧了已发生的无形资产投资的问题效应。

公共资助和知识产权。这是制度中最突出的问题。制度的目的是鼓励无形资产投资。知识产权（IP）法和资助研究、培训或文化内容的公共制度都致力于解决无形资产的一个主要难题：它会产生溢出效应，最大限度地削弱私营企业的投资动机。因此，正如我们在第4章所讨论的，政府制定知识产权法来限制溢出效应，或者由政府提供补贴或直接资助。

遗憾的是，适当的平衡并不容易，现有制度的设计对象是有形资产密集型经济，其风险较低。如今，这些制度面临的挑战越来越大。值得注意的是，现有制度通常不鼓励高回报的无形资产投资，而是鼓励垃圾投资。研究人员在制度的驱动下撰写无人阅读的论文，年轻人努力获取不受雇主重视的学位，这些现象尽人皆知。此类问题源于无形资产的一个基本特性：与有形资产相比，无形资产的价值更不稳定，更多样化。去芜存菁会给政府带来极其沉重的负担，重要的原因是，资助研究或管理专利的政府系统通常依赖于规则，而这些规则并不擅长区分良莠。此外，现有制度可能会提供公共资助，却很难推广成功项目所需的各种理念。

金融和货币政策。严峻的挑战不仅存在于为私营企业提供资金的金融市场和银行系统，也存在于支撑它们的货币政策制度中。大多数企业的外部融资都以债务形式进行，但无形资产密集型企业并不适合债务融资。无形资产很难被用作抵押品，其赢家通吃的性质使信誉评估更加困难。这些现实削弱了央行通过改变利率管理经济周期的能力。解决方案是对金融制度的监管方式进行体制性改革，改革有利于债务而非股权的税收和监管规则，提高投资无形资产丰富型公司的能力。

在经济需要提振时，央行的传统角色是降低信贷成本，现在是时候审视其作用了。经济衰退期的利率接近零——这一现象的部分原因是，风险溢价随无形经济的壮大而上升。在此情况下，央行很难发挥其传统作用。我们将在第5章讨论这些问题。

城市。无形资产密集型企业通常聚集在人口众多的繁华城市和地区，如硅谷、深圳、苏豪区。无形资产形成溢出效应，并表现出协同效应。尽管发生了新冠肺炎疫情，但利用这些效应的最佳方式似乎仍是面对面互动。然而，大多数富裕国家的规划和分区规则阻碍了城市发展，业主拥有阻止城市发展的否决权。无形资产变得日益重要，否决权的成本也随之提高。在第6章，我们检验了该问题的证据，讨论了解决它的政治难度，提出了解决方案。该方案不仅能让业主和社区共享城市发展的益处，还有助于在无形资产丰富型经济中最大限度地发挥远程办公的优势。

竞争政策。越来越多的人认为，从谷歌等科技平台到沃尔玛等零售连锁店，大型主导性企业的崛起是竞争政策不力的结果，正确的应对措施是回归20世纪60年代和70年代更激进的竞争规则。正如第7章讨论的，我们认为这种观点是错误的。领军企业和落后企业差距的加大，主要原因在于无形资产变得日益重要，因此解决方案并非让企业解体，而是确保足够低的市场准入门槛。此外，还有一类竞争存在更大的隐患，解决起来也更棘手，那就是个体之间日益激烈的竞争——同样由无形资产不断增长的重要性所驱动——人们更多地投资无意义的资格证，比如不必要的研究生学位和专业证书等。阻止个体之间的零和竞争并非大多数政府关注的议题，但它应该成为政治优先事项。

我们围绕这些体制性问题的两个共同主题提出了解决方案。其一，提高支持制度的政府和组织的能力，特别是强化与无形资产投资相关的职能。在某些情况下，政府需要将更多资金投到研发等传统非优先事项上，但在更多情况下，政府需提高判断力和成事的能力。创建功能性知识产权制度、对科研或教育进行有效资助，以及针对无形资产密集型企业深度且灵活的资本市场开发，都需要特定的能力。这些能力在政府内部尤为稀缺，它们经常以效率或预算短缺的名义被架空。专利审查员、法院行政人员和研究资助官员从事的是最冷门的公务员工作，当政治家削减行政和管理支出时，这些岗位是最先被裁掉的。但是，提高这些特殊形式的国家和机构能力，对创建繁荣的无形经济尤为重要。

其二，修复制度需要确定并达成政治协议。我们的制度不完善，不是因为缺乏聪明的构想，而是有太多既得利益者。无论在政治层面还是社会层面，改变的代价都很高。业主不希望建造更多的住房，他们支持赋予其否决权的规则；知识产权制度有利于产权持有人，他们进行游说以扩大和强化自身权利。完善这些制度需要的不仅仅是高效的技术精英，新制度的实施还需要达成协议。例如，街道级别的分区（见第6章）为业主提供了支持新住房的激励措施，而增加的政治资本有助于政治家证明，在精英项目（如科研）上的公共支出是合理的。

从政治角度看，这些要求似乎很难实现。重建国家能力是一项重大的竞选任务，而达成必要的协议，让新制度持续存在，需要创造力、变通和挑战既得利益的决心，需要一种务实的乐观主义心态，一种相信事情会日臻完善的信念。与对经济大失望的其他解释不同，我们讲述的故事、给出的解决方案为乐观主义提供了充分的理由。如果像一些评论者所说，我们面临的重大经济问题是一种普遍的道德沦丧，或者是新技术生产率不可阻挡的外生变化，那么解决它的难度将是不可估量的。但如果问题是未能更新和改进我们的制度，以跟上不断变化的经济结构，那就有一个解决方案，尽管它很难实施。制度更新是已有之事，后必再有。如果成功更新了制度，我们就可以促进经济增长和繁荣，应对从流行病到全球变暖的生态威胁，同时找到出路，走出近20年的经济停滞。

第一部分

问题的症结与原因

第 1 章

经济大失望

　　自 21 世纪初，发达经济体一直在努力解决一系列重大问题：停滞、不平等、脆弱、不良竞争，以及我们称为"不真实"的普遍感觉。在本章，我们将描述这些问题以及用于解释这些问题的标准化叙事。这些叙事的特点是怀旧、宿命论或两者兼而有之。我们提供了另一种解释：应该将这些问题视为发达经济体艰难转型的结果，即从依赖有形资产向依赖无形资产转型的结果。

　　如今，不通过新冠肺炎疫情及其后果的棱镜，很难去审视现代经济。其中有太多的错误、太多的变化，以致疫情之前的全球问题像一张已逝世界的做旧照片。

　　但回想 2019 年，你会记得，人们那时就意识到发达经济体出了问题。担忧无处不在，而且涉及面很广。从达沃斯论坛的主题到民粹主义政治家的集会，它们构成了探讨现代生活的背景。忧虑体现在我们所探讨的国家经济大环境中（为什么经济增长如此低迷？为什么我们不再富有生产力？），也体现在对个人生活的思考中（为什么工作压力越来越大？为什么我的工作毫无意义？）。主流经济学家就经济长期停滞和市场集中化展开辩论，社会上则存在着一种质疑，质疑资本主义是否正在摧毁地球、在富人和穷人之间制造不可逾越的鸿沟。担忧的情绪将辩论与批评之声融合在一起。谈到经济，人们充满失望，仿佛我们生活在铅华岁月。

我们要应对从全球健康危机中复苏的挑战，此时关注上述问题似乎有些不合时宜。当产出下降 25% 时，谁还会在意长期停滞？当眼前的挑战是保护公众健康、增强消费者和投资者的信心时，谁还会在意经济结构？但我们必须持续关注，因为这些长期忧患并没有消失，它们有一个基于经济长期变化的共同原因。理解和应对它们的能力决定了重建经济的能力。新冠肺炎危机就像黑夜中的闪电风暴，照亮了我们面临的长期问题，让隐患清晰可见。同时，它还提供了一次纠错机会。此外，疫情凸显了正确把握经济长期特征的必要性。正如第二次世界大战期间的创新基于战前的基础研究（如雷达），新冠肺炎疫苗的发明也基于历史发现，如卡塔林·卡里科对合成信使 RNA 的研究。[1] 当然，新冠肺炎引发的债务需要更快的经济增长来偿还。

经济大失望的五种症状

有时，最常见、最普遍的现象出乎意料地难以识别和描述。我们要问的问题与医生治疗多症状患者时提出的问题相同：哪些症状彼此关联？哪些是应该忽略的无关症状？我们的首要任务是详细罗列 21 世纪经济的长期隐患。

正如导言中指出的，人们对 21 世纪经济的五个负面特征表示担忧：停滞、不平等、不良竞争、脆弱和不真实。我们将依次解释每个问题。

停滞

新冠肺炎疫情暴发后，2020 年的产出急剧下降，这是人们记忆中对经济增长最大的冲击。但在此之前，发达国家的经济状况并不好。

图 1.1 显示了从 21 世纪初到金融危机前，在经济持续增长的趋势下，人均产出应达到的水平：发达经济体本应比实际情况富裕 20% 至 30%。

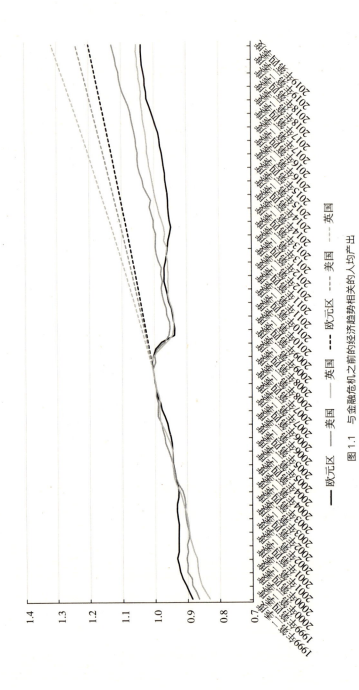

图 1.1　与金融危机之前的经济趋势相关的人均产出

—— 欧元区　—— 美国　—— 英国　--- 欧元区　--- 美国　--- 英国

资料来源：作者使用经济合作与发展组织的数据进行的计算。

重启未来

如果我们将时间线拉得更长，失望就更大了。20世纪下半叶的大部分时间，发达国家实际GDP年增长率超过2%。世纪之交，经济增长急剧下降了50%。2000年至2016年，美国人均实际GDP年增长率约为1.0%（可参见表1.1）。如果我们将关注点放在全球金融危机及之后的时期，数据更糟糕——2006年至2016年的年增长率为0.6%。欧洲国家也经历了类似的低增长。2019年底，英国皇家统计学会将其10年的统计数据定义为生产率低增长。

在新冠肺炎出现之前，我们对低增长就习以为常了，专家们将其视为理所当然。但是，二三十年前的观察者对此状况会感到震惊。要想了解目前的增长水平有多么令人失望，一个生动的方法是看看21世纪初及更早期的长期经济预测。美国国会预算办公室在全球金融危机爆发前的最后一份报告曾预测，到2015年前后，美国经济将以每年2.5%的速度增长。[2]大多数国家的央行似乎也做出了同样的预测。

再早10年，专家们似乎更乐观。1992年，经济合作与发展组织（OECD，简称经合组织）开展了一项详细调查，为美国在21世纪第二个十年的经济增长提出了几种设想。调查提供了两种常态预测：美国经济将以每年3.1%到3.4%的速度增长；即使在最悲观的情况下（有先见之明地称其为"全球危机"），年增长率也可以达到2.3%。1997年，情景规划之父彼得·施瓦茨在《连线》杂志上一篇广为流传的文章中提出了更乐观的看法。他当时预测到2020年，美国经济将以每年4%的速度增长。[3]保罗·克鲁格曼也持过度乐观态度，20世纪90年代，他在其多次重印的著作《预期消退的年代》中提出了一个基本情况预测，即未来几十年，美国经济的年增长率将略高于2%。[4] 就连凯恩斯也会感到失望。1930年，在《我们孙辈的经济可能性》这篇文章中，他预测GDP在1930年至2030年间将增长8倍。[5] 基于这一增长数据，即使排除新冠肺炎疫情的影响，英国和美国的经济也应分别实现5倍和6.4倍的增长。

但经济增长的问题不仅在于已经放缓，其放缓的方式还超出了许多标准经济学解释的范畴。21世纪初至新冠肺炎危机，低增长与低利率共存，还伴随着高企业估值。经济学家称这种现象为长期停滞。我们可以在图1.2中看到这些高估值：托宾Q比率（衡量投资者对未来企业盈利乐观程度的指标，也称作"托宾Q系数"）并没有达到互联网繁荣时期令人目眩的高度，但远高于20世纪80年代的低点。

图1.2　美国的托宾Q比率
资料来源：美联储经济数据。

这一现象令人惊讶。通常情况下，企业的高利润是企业从投资中获得良好回报的标志。如果资金成本低，我们预计企业会筹集资金，抓住机会加大投资，这将导致经济增长，直至复苏。但十多年来，利率一直很低，增长却依然缓慢。更重要的是，缓慢的增长就发生在人们普遍相信的技术发展期。如果情况属实（第 4 章会更详细地探讨），那么经济增长放缓是我们最不想看到的状况。

不平等

引发担忧的不仅仅是经济蛋糕的大小，还有它的切分方式。自世纪之交，尤其是金融危机以来，人们越来越关注富人与普通民众的差距。威尔金森和皮克特的畅销书《公平之怒》认为，不平等会导致穷人乃至整个社会走向犯罪、疾病和不幸之路。[6] 2011年，占领华尔街运动使"99%"这一模因流行起来，凸显了富人精英与普通民众的对立。托马斯·皮凯蒂在《21 世纪资本论》中，将数十年来关于财富不平等的实证研究带入了公共辩论。[7]

我们观察到富裕国家在人民财富和收入方面的物质不平等。与 40 年前相比，社会上最富裕的人在财产和收入方面都比最穷的人有更大的增长。大部分增长似乎发生在 20 世纪 80 年代和 90 年代，在此之后，一些不平等指标继续上升，而另一些则趋于平稳。

图 1.3 给出了这些数字的含义。它表明从 1980 年到 2016 年，世界（从最穷到最富）人均收入的增长情况。在图的左侧，我们看到新兴国家的崛起提高了世界最底层群体的收入，但增幅远低于最富有的 1% 群体，后者的收入增长占总增长的 27%（而占总人口一半的底层群体，其收入增长仅占总增长的 12%）。

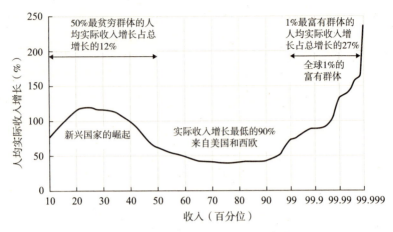

图 1.3　1980—2016 年世界各收入群体的增长

资料来源：阿尔瓦德罗等，图 E4（2020）。

除了对经济增长预测的失败，20 世纪的未来观察家也没有预测到不平等的加剧。回顾 25 年前关于未来的宏大叙事，我们发现，人们最关注的是赤贫和社会排斥，而非超级富豪或自由派精英。哈米什·麦克雷在其畅销书《2020 年的世界》中，将 2020 年威胁美国的因素归结为社会动荡，包括犯罪、吸毒和家庭破裂，"主要影响较贫穷的社会经济群体"，只字未提主导当今叙事的精英与普通民众之间的差距。[8]

现代社会的不平等不仅仅是一种经济现象。21 世纪头 10 年，思想开明、受过教育的城市精英和所谓的落后居民之间的地位不平等加剧了物质不平等，这些落后居民居住在人气衰败的地方，比如英国的后工业城镇、美国的"铁锈地带"。当代的不平等与金钱无关。其差异包括开放程度、受教育程度、扎根程度和受尊重程度，具有很强的地理因素，有时与经济不平等无关。很多低薪酬、高负债的大学毕业生可能被描述为自由派精英，而落后群体则包括拥有住房和养老金、生活舒适的退休人员。

经济学家恩里科·莫雷蒂将这种地理维度的分裂称为"大分裂"。大分裂为美国繁荣城市和落后城市之间的差异提供了证据，这些差异涉及面很广，从毕业率、毕业生工资到离婚率和死亡率。[9]英国政治学家威尔·詹宁斯和格里·斯托克观察到，2010年后出现了所谓的"两个英国"的分裂——一个是世界性的、开放的英国，另一个是狭隘的、民族主义的英国。[10]近几年来，类似的分裂在美国也是一大政治事实。其结果是，选民将唐纳德·特朗普送入白宫、英国脱欧、民粹主义政治家的事业遍布世界各地。

这种不平等很可能是生死攸关的问题。安妮·凯斯和安格斯·迪顿将其与"绝望之死"的泛滥联系起来。绝望之死是始于20世纪90年代末的死亡浪潮，涉及美国中年白人的自杀、阿片类药物的滥用和酗酒，这种趋势仍在持续增长。[11]尽管收入和财富的不平等趋于稳定，但"绝望之死"之类的流行病和其他身份焦虑的症状仍在加剧。

不良竞争

21世纪经济萎靡不振的因素之一与促使市场运作的竞争有关。长期以来，经济学家用来衡量市场健康状况的一系列重要指标的表现都很怪异。

首先，领先企业与其他企业的差距继续加大，这一趋势似乎不可阻挡。如图 1.4 所示，在过去的几十年里，在不同行业、不同国家中，利润和效率最高的企业与其他企业的差距急剧增大。信息通信技术（ICT）服务公司之间差距的增大可能不足为奇，但这种差距在其他行业也普遍存在。

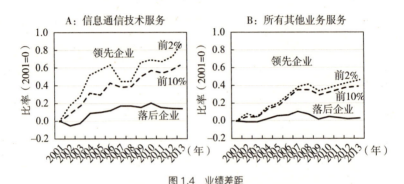

图 1.4　业绩差距

注：在 A 组和 B 组中，全球领先企业是指在两位数表示的行业分类中全要素生产率水平最高的前 5%，而所有其他企业被定义为落后企业。

资料来源：安德鲁斯、克里斯库奥洛和盖尔，2016。

与此同时，自 2000 年以来，低产企业萎缩、高产企业增长的趋势（经济学家称其为企业活力）表现出瑞安·德克尔及其同事所说的“普遍衰退”。[12] 研究还表明，随着高增长创业活动的显著减少，新创企业也越来越少。

此外，近年来，经济学家还记录了企业加价（即价格与边际成本的差价）的上升（见图 1.5）。[13] 经济学家托马斯·菲利蓬在其著作《大逆转》（*The Great Reversal*）中很好地总结了这一点。[14]

数据显示，个体劳动者出现活力下降的迹象。与关于千禧一代跳槽的流行说法相反，年轻人更换雇主的频率明显低于前几代人。他们因工作在城市间迁移的可能性也很小。经济学家泰勒·考恩将这些趋势描述为新兴的"自满阶层"症状,即"更加努力地工作,以推迟变革"。[15]

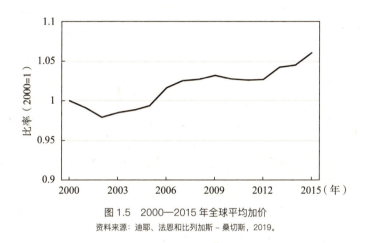

图 1.5 2000—2015 年全球平均加价
资料来源:迪耶、法恩和比列加斯－桑切斯,2019。

但该说法与现实存在矛盾。如果你向普通员工或管理者展示市场竞争日趋缓和以及员工更为自满的证据,他们的反应是从惊讶到怀疑。新冠肺炎疫情让商业世界陷入混乱,但在此之前,商业竞争和活力就已经减弱。然而,大多数企业并没有自满倾向。借用 1981 年美国商务部长马尔科姆·波多里奇对美国企业直白的描述,企业并未表现出特别的"油腻、愚蠢和快乐"。[16]

员工不满意自己的工作或工作条件。亚马逊仓库等低薪工作的强度和严苛的绩效管理经常成为调查记者的故事来源。有附加条件的福利制度鼓励失业者重返劳动力大军,这意味着,即使是失业后的处境也比几十年前更艰难了。

目前尚不清楚，高薪和高技能员工的工作是否比以前轻松。丹尼尔·马科维茨在其著作《精英体制的陷阱》中描述了"高层职位中的疯狂竞争"，这一现象与20世纪50年代企业界的淡泊氛围形成了对比——1956年，威廉·怀特在《组织人》中指出，首席执行官不必"不择手段或被迫追求成功"。[17]如今，高管的竞争起点不在办公室门口，而在幼儿园。为了在竞争激烈的吃蛋糕比赛中获胜，胸怀大志的精英们用无休止的挑战磨炼自己，而胜利的奖品是更多的蛋糕。同样，经济学家彼得·库恩也证明，尽管美国男性的平均工作时间缩短了，但高收入者和低收入者的工作时间却在增加。[18]

脆弱

新冠肺炎疫情以极端的形式表明，即使是最富有的经济体也无法摆脱自然力量的影响。事实上，疫情造成的破坏与经济的复杂性和成熟度有关。庞大而密集的城市，复杂的国际供应链，以及前所未有的全球经济互联性，为病毒在国家之间的传播提供了条件。

在某种程度上，这种相互关联的脆弱性是全球经济专业化的自然结果。另一面是，政府几乎无力抵御我们面临的某些冲击。

总体而言，欧洲经济依靠国家来缓解经济冲击，更直接地说，依靠国家为其公民提供社会保险。一部分保险和财政来自国家福利，但重要的是，一部分保险来自货币政策。以前，在遭受负面冲击时，央行可以通过降息来稳定经济，从而重启经

济活动，恢复经济增长。但近 40 年来，利率一直在下降，如图
1.6 所示。在利率近乎零的情况下，央行提供缓冲的能力似乎很
有限。

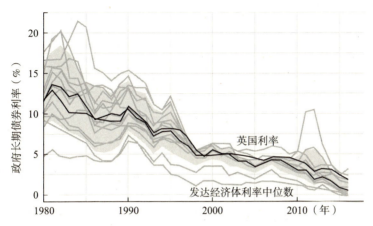

图 1.6　1980 年以来发达国家的利率，灰色区域显示了 17 个发达经济体的第 90 到第 10
百分位数

资料来源：霍尔达、舒拉里克和泰勒（2017），引自 https://bankunderground.co.uk/2020/06/03/theres-more-
to-house-prices-than-interest-rates/。

　　经济学家贾森·弗曼和劳伦斯·萨默斯强调了政策空间的局
限。正如本书导言提到的，他们的统计表明，从美国的 9 次经济
衰退至新冠肺炎疫情期间，美联储平均降息 6.3 个百分点。[19] 我
们为英国做了类似的统计。在新冠肺炎疫情之前的 4 次衰退中，
银行利率平均下调了 5.5 个百分点。例如，从 1980 年 7 月的
17% 降至 1981 年 3 月的 12%。在宽松货币政策期间，11 个月内
每月平均降息 0.5 个百分点。截至本书写作之时，英国银行利率
为 0.1%，这意味着目前英国的利率（在降到 0 之前）还有一周

的下调空间。

此外，现代经济容易遭受强大的自然力量的影响，新冠肺炎并非唯一的例子。工业社会的核心是丰富的能源。文明之光的持续燃烧需要每年超过 10 万太瓦时的能量，万幸的是，我们的时代虽然只占漫长人类史的瞬间，却能产生如此大的能量。然而，所有美好的童话都有一个诅咒，我们的诅咒是：约 80% 的能量带来了无形的、貌似无害的污染，随着时间的推移，这些污染会对地球造成灾难性的破坏。

令人沮丧的不仅是气候变化，还有我们无力应对的无奈。低碳能源技术已经存在，近年来其价格降幅很大。许多有识之士都在致力于解决该问题。在很大程度上，如何减碳是一个已经解决的问题，大多数政府都制定了减少碳排放、缓解气候变化的长期政策。简言之，虽然减碳问题颇为棘手，但与经济增长的问题相比，它似乎并不神秘。然而，尽管人们对此已有普遍意识，并投入了大量的政治精力，但向低碳经济的转型仍然进展缓慢。

人们普遍认为，无论是新冠肺炎疫情这种突发的、意料之外的冲击，还是气候变化这种日积月累的改变，今天的富裕经济体都极易遭受类似事件的冲击，且无法采取措施做到未雨绸缪。

不真实

21 世纪经济最后一个令人失望的特点，我们称为虚假。虽然经济学家不常提出这种批评，但"虚假"一词在圈外人和其他学术领域的评论者中被大量使用。他们认为，现代经济缺乏过去曾拥有的"真实性"和可靠性。在对现代化的保守批判中，反复出现的话题是：现代经济虚假，令人不满。投资人彼得·蒂尔哀叹道："我们想要飞行汽车，得到的却是140个字符。"评论者明确表示，许多现代经济活动虚假、不真实，甚至带有欺诈性。

这种不满在新冠肺炎疫情期间变得尤为严重。许多西方国家的呼吸机和个人防护设备紧缺，还缺少快速制造这些设备的资金。人们不禁要问：富裕经济体是如何失去制造重要物品的能力的？

前面提到的网络体验加剧了虚假和不真实感。尽管互联网是免费信息的宝库，但它也充斥着骗子、误导者和贩卖者。2019年的一项研究表明，YouTube视频最受欢迎的六大儿童频道之一是"瑞安的世界"，观众超过1 900万。7岁的视频博主瑞安·卡吉在节目中评论儿童玩具和游戏。据报道，他在2018年赚了2 200万美元。[20]

总之，21世纪初发达国家的经济存在五个问题。第一，尽管资金成本很低，企业大部分时间经营良好，各种技术层出不穷，但20年来经济增长一直很缓慢。第二，贫富之间的物质差距加大，伴随着社会和文化分裂的加剧。第三，竞争乏力，职场充满了矛盾——企业失去活力、生产率下降，个体之间的竞争却日益激烈，令人心力交瘁。第四，经济脆弱，易受冲击。货币政策支持经济的能力似乎也在减弱。我们的消耗依赖化石燃料，这是不可持续的。尽管有明确的补救措施，但要做出彻底的转变非常困难。第五，人们普遍认为，许多经济活动不真实、不可靠。

黄金时代与大分裂：关于经济大失望的两个故事

针对这些令人不安的经济事件，评论家和学者做出了各种解释。

诺贝尔经济学奖获得者罗伯特·希勒在其新书中有力地证明了叙事在经济学中的重要性。[21] 埃德·利默、尤瓦尔·赫拉利、约翰·凯和默文·金也提出了同样的看法。[22] 希勒认为，人们喜欢以叙事的方式理解和描述经济的运作。叙事通常被当成一种原型；我们自然而然地被那些反复讲述的故事吸引，我们会去识别它们，就像仰望月亮，在其阴影和陨石坑中识别人脸一样。对希勒来说，这些故事具有经济影响力。它们不仅帮助人们描述世界，还驱动着人类的行为。

的确，在谈论发达国家当前的经济状况时，经济专家会加入许多熟悉的叙事元素，尤其是两个原型故事——我们称为"失落的黄金时代"和"大分裂"。

失落的黄金时代

第一种流行的解释认为，与过去相比，我们生活的时代是有缺陷的。从数据中我们可以很清晰地得出这一结论：自金融危机以来（或许更早），生产率增速显著下降。这一解释也借鉴了黄金时代这个更古老的人类故事——黄金时代是安逸、繁荣的时代，但厄运或不当行为将人类带入辛劳、匮乏的现代。众神曾眷顾我们，现在他们收回了眷顾，人类发现自己很难重返辉煌。

　　某些经济学解释将当前生产率下降的原因归为外部事件。泰勒·考恩的《大停滞？》和罗伯特·戈登的《美国增长的起落》关于增长放缓的叙述就契合这一悠久传统。[23] 他们认为，某些阻力导致增长放缓，其中既有技术进步的因素，也有教育发展等人为因素；戈登的态度尤为悲观，他认为未来生产率的降速会更快。戈登在图 1.7 中展示了经济增长的长期趋势，显示了前沿经济体（英国和美国）自 1300 年以来的增长情况。用他的话说，20 世纪是经济的黄金时代。时代变了，我们必须接受现实。

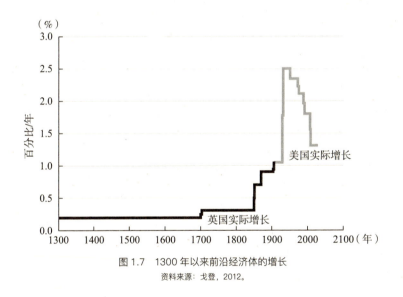

图 1.7　1300 年以来前沿经济体的增长

资料来源：戈登，2012。

　　在《充分增长》（*Fully Grown*）一书中，经济增长专家迪特里奇·沃尔拉特指出，经济增长已进入永久的下行期，并对此进行了详细说明。[24] 沃尔拉特认为，与工人劳动相结合的有形资产和人力资本的增加，是增长的直接因素。例如，农民如果使用更多的拖拉机（有形资产），与受过更好教育和培训的工人（人力资本）合作，就可以提高产出。他以美国为例，指出中等教育在 20 世纪后半叶大幅扩张。1940 年，25 岁以上的人口有 60% 完成了小学教育，但未接受继续教育，完成大学教育的人不到 10%。到 2010 年，小学文化程度的人只占 5%，而完成大学教育的人占 33%。在 70 年的时间里，美国工人的受教育程度提高了。人力资本的增加为美国经济增长做出了巨大贡献。从 1950 年到 2000 年，人均 GDP 每年增长 2.3%，而将人力资本的增长乘以其经济回报（因工人受教育而提高的生产率）每年又贡献了 0.6%。

然而，这种影响在 2000 年就已结束。在全民受教育年龄达到 16 岁或 18 岁之后，通过让更多人接受教育来刺激增量增长的可能性就会降低。具体来说，2000 年至 2016 年，增加的人力资本对增长的贡献是 −0.10%。沃尔拉特表明，2000 年后生产率增长的下降在很大程度上是因为人力资本对增长的贡献减少。他建议我们对目前的低增长率持达观的态度，认为在很多情况下，这是在富裕社会中人们行为选择的结果——从少生孩子到少工作。与戈登的观点一样，他认为耗费政治精力试图达到过去的增长率是愚蠢之举。

"失落的黄金时代"的另一个版本，也认同当今时代增长放缓，但认为我们有理由相信，增长会恢复到过去的水平——甚至可能比以前的速度更快。当今时代可能并非战后的黄金时代，却可以期待新技术带来新经济的曙光。在《第二次机器革命》一书中，埃里克·布莱恩约弗森和安德鲁·麦卡菲认为，我们的时代增长率较低，原因是新技术与现实正处于磨合期。[25] 经济看起来萧条，但请少安毋躁，新技术带来的快速增长的计算能力及其在人类涉足的所有领域的应用，会让我们迎来大丰收。根据这一重组假说，一段时间的缓慢增长说明企业和工人正在为利用新技术做准备。

但该说法存在几个问题：为什么生产率增长会在等待期下降？为什么生产率增长不能在新浪潮再次推动它之前保持不变？答案在于测量方法。想想无人驾驶汽车。我们在无人驾驶汽车的软件、硬件开发与测试上投入了大量资金，但截至本书撰写时，无人驾驶汽车仍未得到普及。现在思考一下生产率的测量，它被定义为每单位投入带来的产出。无人驾驶汽车的开发投入大幅增加，但我们尚未从产出中获益。根据误测假设，这种现象相当普遍。也许在很多行业中，比如医疗保健和教育行业，大量的投入重新调整了用途，却没有获得相应的产出。这种不匹配或许可以解释在技术机会众多的今天，生产率如此低下的原因。

大分裂

在现代经济讨论中，第二个古老叙事与大分裂有关。大分裂是指人脉广泛、成功的精英阶层与落后民众之间的差异。精英阶层的不当行为和道德败坏是造成当前这种社会状态的原因。

像"失落的黄金时代"一样，大分裂的故事也得到了数据支持。我们已经看到，多年来，财富和收入的不平等一直居高不下，发达国家的发达地区与落后地区的繁荣差距之大前所未有。但这种说法不仅反映了当前数据，更确切地说，也反映出在漫长曲折的生活叙事中存在一种观点，即精英阶层的成功源自甚至依赖善良穷人的经济贫困。

在对经济大失望的解释中，这两种原型叙事已融合在一起。一个贪婪的、联系紧密的少数群体改变了游戏规则，他们以牺牲社会整体利益为代价获取自身利益，破坏了稳定的经济增长所依赖的机制。这种解释被激进的右翼政党广泛接受，有时与阴谋论和种族主义相关联。但它不仅仅是民粹主义的话题，也以各种形式出现在左翼人士的言论中，从马克思主义经济学家大卫·哈维的《新自由主义简史》到威尔·赫顿的《我们当下的状态》(*The State We're In*)。这两本书有一个共同的观点，即自20世纪80年代以来，自私的精英们通过放松管制、私有化和减税议题将资本主义带入了死胡同。[26]《务实经济学》的作者斯蒂芬·科恩和布拉德福特·德隆认为，这些做法阻碍了富裕国家生产率的增长，也让富人变得更富有。[27]

另一流行的"大分裂"故事关注大企业为规避竞争发起的游说。托马斯·菲利蓬在其颇具影响力的著作《大逆转》中指出，美国大企业通过政治影响力和游说来破坏反垄断法，使自己免受竞争的影响，并以牺牲客户、员工和整个社会的利益为代价获取垄断利润。[28]许多批评者认为，该因素既可以解释生产率的下降，也可以解释大型企业的增长。这些大企业几乎不存在强大的竞争对手（比如搜索引擎中的谷歌，在线零售领域的亚马逊）：没有强劲的竞争对手，为什么要创新？其他批评者则将矛头指向由专利、版权和知识产权赋予的合法垄断。当专利投机者获取旧专利的唯一目的是起诉合法企业时，当传媒公司将利润丰厚的特许经营权延伸到技术层面时，人们很容易相信，强势方的不当行为正在阻碍经济的发展。

富有吸引力的叙事影响巨大，但也暗藏着危险，因为它们可能会过度简化或歪曲真相，还会给出糟糕的建议。此外，有时历史学家会以过度概括的方式描述某些概念（如"封建主义"和"革命"），使其偏离了真实意义。过度概括最终导致错误的结论，或许现在也存在类似的问题。"失落的黄金时代"和"大分裂"的叙事吸引力如此强烈，以致它们忽略了现实中的重要方面。接下来我们将对此进行探讨。

对传统解释的质疑

增长缓慢的原因并不是单一的。因此，上述解释不太可能说明全部情况。

科技增长停止了吗？

正如罗伯特·戈登所证明的，生产率的确在很长一段时间内下降了（参见图 1.7）。尽管如此，经济学家丹·西奇尔提醒我们，经济学家和技术专家都不擅长预测未来。[29] 部分困难在于对技术用途的了解。乔尔·莫克尔提出了一个观点，即信息通信技术通过个性化医疗、基因治疗对健康事业的影响尚未发挥出来，其他技术也存在类似的情况。原因是，尽管这些领域前景广阔，但新技术却难以应用。[30] 技术仍可以带给我们惊喜：2020 年初，很多人都在猜测新冠肺炎疫苗是否要等到数年后才会出现。事实上，我们不仅在数月内研制出几种安全、有效的疫苗，还在普及疫苗方面取得了进展，一种非常有效的疟疾疫苗也问世了。

教育增长停止了吗？

　　生产率增长放缓的第二个解释是教育的贡献。沃尔拉特预测的细节值得讨论。正如他所说，我们可以通过人均投入的增长来说明人均产出的增长。表 1.1 总结了相关数据。美国 1950 年至 2000 年的数据显示，在此期间，美国人均 GDP 每年增长 2.3%。人均有形资产增长每年贡献 0.6%，人均人力资本增长每年贡献 0.5%。其他所有因素被称为全要素生产率（TFP），我们可以将其看成有形资产和人力资本的使用效率，TFP 每年贡献 1.1%。如每一行所示，每个因素都做出了相近的贡献。最后一列显示，在此期间，人均人力资本的增长为 0.8%，这一可观的数字反映了美国高等教育的扩张。

表 1.1 欧元区、英国和美国人均增长的来源

国家	时期 (年)	贡献				备注
		人均 GDP	人均有形资产 (%)	人均人力资本 (%)	TFP (%)	人均人力资本 (%)
欧元区	1950—2000	3.3	1.3	0.0	2.0	0.0
欧元区	2000—2016	0.7	0.5	0.2	0.0	0.4
英国	1950—2000	2.4	1.1	0.2	1.1	0.3
英国	2000—2016	1.1	0.4	0.0	0.6	0.1
美国	1950—2000	2.3	0.6	0.5	1.1	0.8
美国	2000—2016	1.0	0.5	−0.1	0.6	−0.2

资料来源：作者的计算基于欧盟 KLEMS 体系和贝尔若、赛特、勒卡（2015）的数据。

最后一行列出美国 2000—2016 年的数据，呈现出一幅完全不同的情景。人均 GDP 增速从 2.3% 骤降至 1%。人均有形资产的贡献基本保持不变，人均人力资本贡献大幅下降，全要素生产率进一步下降。正如沃尔拉特指出的，最后一列显示，人均人力资本增长的降幅很大，从 1950—2000 年的 0.8% 降至 2000—2016 年的 −0.2%。沃尔拉特称，美国生产率下降的主因仅仅是耗尽了教育红利，该说法就源自这些数据。[31]

沃尔拉特在书中列出了美国的数据。我们搜集了英国和欧元区的数据，见表 1.1。正如最后一列所示，欧元区和英国的情况有所不同。欧元区的人均人力资本增长并没有放缓。相反，它随着时间的推移而加速，从 1950—2000 年的 0 上升到 2000—2016 年的 0.4%。同一时期，英国的人均人力资本增长确实有所下降，从每年 0.3% 降至每年 0.1%，但降幅远不及美国的降幅。尽管美国教育放缓的现象很重要，但想要了解欧洲的情况，还需要考察

评价重组假说

重组假说认为，在探索如何利用全新技术时，我们可能会经历必要的低增长期。重组假说得到一些证据的支持。戴维·拜恩、卡罗尔·科拉多和丹·西切尔指出，提供云计算服务的公司一直大规模投资硬件，但官方数据可能漏掉了这些投资，因为许多购买都是在内部进行的，而官方投资调查大多要求受访者报告外部购买情况。[32] 这种被忽略的云计算投资足以在 2007 年至 2015 年为 GDP 增长贡献 0.1 个百分点。也就是说，金融危机前后都存在测量问题。拜恩和西切尔认为，调整 IT（互联网技术）价格会提高 IT 密集型行业的生产率，却会降低 IT 粗放型行业的生产率。[33]

此外，重组假说需要大量未测定的无形资产投资来解释全要素生产率增长呈数量级下降的现象。卡罗尔·科拉多、乔纳森·哈斯克尔和塞西莉亚·约纳 – 莱森奥 [34] 最近的研究表明，未测定的无形资产投资必须比已测定的无形资产投资多出几个数量级，这似乎不太可能。

评价加价假说

许多经济学家强烈反对加价持续提升的说法。图 1.8 摘自芝加哥大学经济学家詹姆斯·特雷纳的研究成果 [35]，显示了关于加价的结论在很大程度上取决于如何定义企业用作加价基础的可变成本。上升线表示高于销售成本（COGS）的预计加价，而扁平线表示 COGS 加上销售和行政管理（SGA）成本的加价。如果 SGA 成本反映了企业的无形支出，那么加价就是对已发生成本的测量不足导致的，并没有揭示真实的经济趋势。查德·赛弗森也指出，如果加价普遍提升，在其他条件相同的情况下，通货膨胀率会普遍上升。[36] 然而，在过去的 10 年里，通货膨胀率低得令人难以置信。

图 1.8　扣除销售成本的预计加价（美国，Compustat 数据库中的公司）

资料来源：特雷纳（2018）。

另一种解释：无形资产

我们有不同的解释。我们认为，世界正步履蹒跚地走在经济转型的途中。新兴经济只是表面上基于技术、互联网、大数据或当月《连线》杂志封面上的内容。事实上，它取决于资本性质的长期变化及其带来的经济影响。具体而言，我们认为当前问题的原因是：

• 资本的性质发生了变化，企业越来越多地投资无形资产（多数是不可测量的）；

• 无形资产的增长在过去几十年里有所放缓；

• 我们尚未解决无形资产带来的挑战，也未克服新出现的投资障碍。

我们记录了近几年经济向无形资产投资的转变，以及经济增长放缓的情况。接下来继续探讨这一话题。

向无形资产投资的转变：重申论点

我们在《无形经济的崛起》一书中指出，过去 40 年来，经济发生了重大变化。[37] 你如果熟悉其论点和数据，可能想跳过这一节；如果不熟悉，我们做一个简要的总结。

社会繁荣的重要决定因素之一是资本存量：为实现长期利益，个人、企业和政府长期投资的所有事物。如果说工人是经济的肌腱，资本就是关节、韧带和支点——它们是肌肉运动的机制，决定其运动效率。自 20 世纪 80 年代以来，我们看到了世界资本存量的稳步变化。以前，公司的主要投资对象是有形资产：机器、建筑物、车辆和计算机。如今，随着社会的不断富足，大多数商业投资都流向了非实体领域：研发、品牌、组织发展和软件。

以苹果公司为例。2018 年其市值约为 1 万亿美元，其中有形资产（主要是建筑物、现金和其他存款）仅占公司市值的 9%。[38] 大部分价值在于无形资产。无形资产是获取成本高、持续时间长、对公司有价值的非实体资产。苹果公司的无形资产包括从研发中获得的知识、产品设计、广受信任的品牌、与供应商（包括实体供应链和支持苹果生态系统的开发人员）宝贵的长期关系、员工的公司内部知识和关系、操作系统中的软件，以及庞大的数据资源。

在过去的几十年里，无形资产投资在世界经济中的作用越来越重要。一项长期研究计划涉及从现有数据和新调查中推测无形资产投资，并对其进行准确评估。该研究表明，至少自 20 世纪 80 年代以来，无形资产投资一直在增长。而且，从更具试验性的美国数据中可以看出，无形资产的积累始于投资增长前的几十年。到 2007 年至 2008 年全球金融危机爆发时，如图 1.9 所示，英美等国家每年的无形资产投资都超过了有形资产投资。

图 1.9　1977—2017 年的美国投资率

资料来源：http://www.intaninvest.net/charts-and-tables/。

　　图 1.10 显示了主要发达经济体的短期趋势。无形资产的稳步增长不仅仅是富裕国家才有的现象。近几十年来，中国经济的快速增长也伴随着无形资产投资的大幅增长。

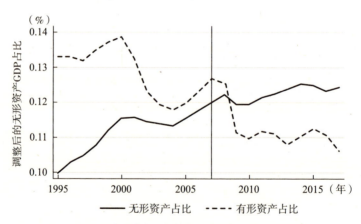

图 1.10　主要发达经济体的有形资产和无形资产投资

资料来源：作者的计算来自 www.intaninvest。

无形资产投资的放缓

随着探讨的深入，我们发现无形经济的一个转折点。它很重要，但在很大程度上没有被认识到。尽管图 1.10 和图 1.11 中的时间序列显示了无形资产投资增长的总体趋势，但并未揭示另一重要趋势。几十年来，无形资产投资的 GDP 占比一直在稳步上升，但在 21 世纪第一个十年的尾声，增长开始放缓。全球金融危机在许多方面削弱了商业投资，我们最初并不确定，无形资产投资增长放缓是不是全球金融危机的短期影响。可靠的投资数据需要一段时间才能出现，所以我们在 2016 年写作《无形经济的崛起》时，很难确定经济衰退是数据中的小错误、暂时现象，还是更严重的问题。

随着更多新数据的出现，我们确定无形资产投资的放缓并非暂时现象。图 1.11 显示了 2017 年的数据与 2007 年之前的趋势对比。欧洲大陆和美国的经济衰退显而易见，而英国经济则多了一些噪声。当我们将投资转化为资产服务时，衰退的速度也很明显。图 1.12 显示了包含软件和不包含软件的"无形"资产服务增长的衰退。2000 年以后，不包含软件的无形资产服务增长放缓的程度更明显。我们将看到，无形资产投资放缓是其自身一系列问题的根源，尤为重要的是，它对经济增长和生产率产生了直接影响。

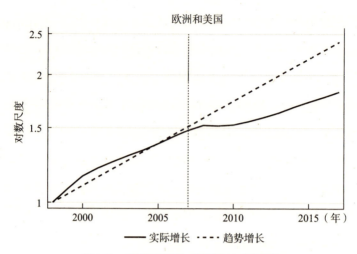

图 1.11 无形资产投资：实际增长与趋势增长

资料来源：作者的计算来自 www.intaninvest。国家和地区包括欧洲大陆、英国和美国。

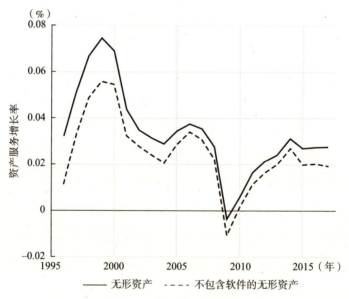

图 1.12 资产服务的增长趋势

资料来源：作者的计算来自 www.intaninvest。国家是主要发达经济体。

以葡萄汁发酵成葡萄酒来类比。在酵母将葡萄汁中的糖转化为乙醇的过程中，液体的酒精含量越来越高。但是，正如导言中指出的，当酒精比例超过15%时，酵母的活性下降，发酵过程减慢并停止。这一阶段有两个重要特征：此时的液体与之前的葡萄汁不同，它现在是含酒精的；它不再发酵，因此不再产生热量、二氧化碳或其他副产品。同样，目前无形资产投资的水平比以往任何时候都高，但增幅却远低于历史水平。

无形资产丰富型经济的性质及影响：概述

你可能会问，为什么无形资产的转型过程很重要。投资不是随时间的推移自然变化的吗？我们过去投资运河，之后投资铁路、公路，现在投资互联网。在《无形经济的崛起》中，我们认为无形资产的转型过程很重要，因为无形资产的表现与以往构成大多数商业投资的实体资产不同。

具体而言，我们明确了无形资产与有形资产的四大差异：（1）无形资产通常具有很强的扩展性（像算法这类资产可用于广泛的商业领域）；（2）无形资产具有溢出效应（投资于研发的企业无法确定自己是唯一受益者）；（3）无形资产是沉没成本（如果企业破产，通常对债权人没有多大价值）；（4）无形资产具有协同效应（当与其他无形资产结合时，通常会产生更大的价值）。这些特征会对无形资产丰富型经济和无形资产密集型经济的表现产生影响。

拥有扩展性无形资产的企业可以迅速发展壮大，今天的科技巨头就是如此。溢出效应意味着，投资于无形资产的企业可能会发现，它们的竞争对手最终会从中获益，已倒闭的智能手机制造商黑莓和诺基亚对此感同身受。溢出效应还促使政府加大投资的资助力度，尤其在科研、培训和教育领域。

无形资产通常是沉没成本，这给企业融资带来了挑战。债务融资最终以企业资产为抵押，因此小企业面临的挑战更大。银行不愿给破产后资产价值很低的企业贷款，而债务融资和银行贷款是大多数企业外部融资的主要来源，于是问题就出现了。

关于无形资产之间协同效应的价值，从 J.K. 罗琳比 P.G. 沃德豪斯或 J.R.R. 托尔金更富有这一事实中可见一斑。部分原因是，她以《哈利·波特》小说的形式创造的宝贵无形资产可以与其他无形资产（如特效和营销）有效结合，产生广受欢迎的电影特许经营权。协同效应也不可小觑，它让无形资产的正确结合变得更重要，从而增加与经纪人创意、品牌或技能相关的工作岗位，这些工作在充满活力的城市里很常见。协同效应促进了城市的繁荣。

无形资产的特征有两个重要影响。一方面，在某些情况下，它们直接带来挑战和问题，包括不平等的加剧和竞争的减弱。这些问题构成了我们所说的无形资产危机的第一部分。另一方面，它们改变了经济持续健康增长所需的制度类型。在许多情况下，我们需要的制度和现有制度之间存在差异。制度失灵是无形资产危机的第二部分。

何为无形资产丰富型经济？知识、关系和后工业经济

十多年前，我们第一次写有关无形经济的书。自那时起，我们向很多人谈论它，包括商人、记者、投资者、经济学家和政策制定者。我们注意到，人们有时误解了无形资产投资的含义。特别是，我们发现人们将无形资产投资与其他现代经济现象联系起来，比如知识经济或后工业经济。人们还经常将其与科技行业联系起来，或者在某些情况下，与某种反乌托邦的现代事物联系起来。这些关联具有误导性，因此，我们有必要更详细地了解其关键术语、趋势和现象。

知识经济

"知识经济"一词由弗里茨·马克卢普首创。在 1962 年的一本书中，他首次提出对无形资产投资进行测量。随后，管理大师彼得·德鲁克推广了"知识经济"的概念。2013 年经合组织的一份无形资产报告将其描述为"基于知识的资本"。的确，将有些无形资产描述为知识是合理的——例如，新药研发的科研成果、新生产技术或工人的新技能培训成果。有些无形资产（如软件程序或数据库）由信息构成，严格地说，它们并非知识的同义词，但与知识非常相似。

然而，无形资产不仅是知识或信息。例如，某品牌的价值不仅在于其名称和标识信息。相反，品牌既有关联性又有表达性。品牌的关联性指，它是某种承诺和对过去的提示，心照不宣地昭示着构成品牌声誉的无数历史交易，以及为客户提供的某种

体验或质量。苹果产品的两个特点是设计流畅和使用便捷，其品牌标识不仅仅是信息。更确切地说，它的价值来自数百万客户的体验，以及苹果在设计新产品时的内在动机。品牌价值具有表达性，它传达了关于产品的情感信息，这是客户重视的内容。当我们听到"放手去做（Just Do It）"、"这就是可乐（Coke Is It）"或"因为你值得拥有（Because You're Worth It）"时，我们感受到的不是字面意义上的知识，而是一种更主观的情感。

同样主观的是企业内部或供应链中积累的组织资本价值。比如，久负盛名的英国零售商玛莎百货，它与各种供应链保持着良好的关系。这些关系被认为是其盈利的重要因素。毋庸置疑，供应链的各方面可以被描述为知识。例如，玛莎百货从特定的农场按照特定价格购买一定数量的草莓，并按某种标准进行分级。但这种无形资产的价值不在于知识，而在于关系——各方对彼此的期望，以及这些期望系统地影响行为的方式。公司内部也是如此。你可以写下某企业的运营或管理实践规则，如敏捷软件开发方法或六西格玛（又称"六标准差"），但它们的实施不仅仅是知识，还涉及在一组关系中的实例化。[39]

无形经济经常被描述为"知识经济"，其原因也许是作为理性人的经济学家发现，无形资产在知识方面最为突出。但将无形资产等同于知识经济是一种误导性简化，淡化了关联性和表达性资本在现代经济中的重要性。

后工业经济

人们有时会将无形经济描述为后工业经济。后工业经济是法国社会学家阿兰·图海纳创造的短语，由丹尼尔·贝尔在20世纪70年代推广开来。有时，人们会从这一描述中推断，无形资产的重要性主要体现在服务业上，无形资产丰富型经济体是服务业多、制造业少的经济体。

这同样是对无形资产的误解。我们考察富裕国家的制造业企业，发现它们通常是无形资产和有形资产的重要投资者。它们投资研发和设计，以生产尖端产品；投资组织发展和培训，以提高工厂的生产率；投资软件和数据，这些数据和软件不仅与其生产有关，还是其销售的实物产品的附属品。

富裕国家通常拥有特别健康的制造业。分析一下这些国家，我们会发现它们的无形资产投资持续不断、各具特色。赫尔曼·西蒙顾问对德国中坚力量（德国利润丰厚、具有全球竞争力的骨干制造企业）的研究表明，它们的盈利源自所有的无形资产——致力于研究、开发和创新；与供应商和客户建立牢固、持久、资讯丰富的关系；优秀的员工技能和组织能力。[40] 如果没有对研发、工艺设计和培训等无形资产的大量投资，日本、韩国这些所谓的发展型国家就不可能取得成功。无形资产投资为这些国家打造具有全球竞争力的制造企业奠定了基础，涉及从造船到半导体等多个行业。以下关于现代经济的描述可能是正确的：它既是无形资产丰富型经济，又在某种程度上是后工业经济，但无形资产与蓬勃发展的产业（从某种意义上说是制造业）是互补关系，而非替代关系。

我们还发现，人们往往认为无形经济与高科技企业有关，尤其是所谓的技术平台企业，如谷歌、苹果、脸书和亚马逊。从某种意义上说，这种关联是合理的。这些商业巨头的价值主要来自其宝贵的无形资产。但无形资产投资的重要性并不局限于科技行业。在能够测量的范围内，我们在经济领域的所有行业中都发现了无形资产投资。过去10年，大型科技公司的快速增长是故事的重要部分，但并非全部。

无形资产投资也不是研发的小范围扩展。研发数据不包括遭受新冠肺炎疫情重创的产业创新（零售、娱乐、酒店和餐馆），因为这些行业几乎不存在研发。它们投资的无形资产包括培训、营销、设计和业务流程。而研发公司利用了大量其他无形资产，比如新药的营销支出。艾弗莱姆·本米莱克、贾尼丝·埃伯利、季米特里斯·帕帕尼古拉乌和乔舒亚·克里格证明，研发领域的变化显著。[41] 美国制药公司的研发支出占总支出的1/10（高于20世纪70年代的3%）。此外，这些公司大约1/3的研发支出面向65岁以上人群。

对无形资产的最后一个误解是，它被视为一种高度商业化、交易化和高度现代主义的金钱关系，在这种关系中，所有实体都化为乌有，传统遭到蔑视和遗弃。传统确实可以被颠覆，因为思想有时具有破坏性，但破坏不是无形资产的必要组成部分。

想想现代主义批评家的作品，比如詹姆斯·斯科特和E.F.舒马赫。斯科特是无政府主义经典著作《国家视角》的作者，他列举了一些善意但自负的统治者和管理者的做法，他们打破传统行为方式，比如普鲁士传统的森林管理方式，爪哇或坦桑尼亚传统的耕作方式，执行新的、公事公办的"科学"系统，但效率却远低于旧系统。[42]同样，《小的是美好的》的作者舒马赫认为，适用于本土的、"中庸"或"恰当"的技术通常比统一的全球化产品更有价值，即使后者看起来更先进。[43]人们很容易将无形资产视为高度现代化的工具，认为斯科特和舒马赫设想的经济建立在其他基础上。但这种解释是错误的。斯科特的案例研究以具体的历史经验和关系来描述无形资产丰富型经济的生产方法，也就是说，无意中用权贵们浅薄的思想和更因地制宜的做法（也属于无形资产）取代了无形资产。

对无形资产投资不严谨的定义有助于阐明它的本质。如果要思考无形资产密集型经济与非无形资产密集型经济的区别，你不要考虑知识型工作、小型制造业或大型科技公司，而是应该思考这样一种经济：人们的行为在经济关系中更紧密地联系在一起；从工厂生产到超市购物，各种活动中蕴含的信息更加丰富；经济活动涉及更多的意义、关联和情感。

无形资产投资的长期增长与近期放缓

长期来看，无形资产投资的历史增长似乎与世界的日益富足有着内在联系。发达经济体不能只是扩张边境、砍伐更多的森林或开采更多的矿石，无形资产投资对推动发达经济体的增长是必要的。安德鲁·麦卡菲在《以少创多》（*More from Less*）一书中指出，对关心地球自然资源的人来说，向无形资产密集型经济的转型是个好消息。[44] 与此同时，人们的生活越来越富有，基本物质需求得到满足，对商品和服务种类的需求就会增多，它们通常具有无形资产所能提供的表达价值或情感价值。[45]

知识和关系通常在面对面的互动中更能发挥效力，因此，无形资产密集型企业会因彼此的接近而受益。但规划制度阻碍了这种互动，在最具活力的城市（如旧金山和伦敦）及其周边建造新的办公场所和住房非常困难。新冠肺炎疫情迫使很多人选择远程办公，规划问题得以暂时搁置，但疫情本身却带来了麻烦，知识工作者无法面对面接触，这种工作交流方式至少对一部分人来说很重要。拥挤的城市和突如其来的远程办公使无形资产投资雪上加霜，这很可能是长期投资低于预测趋势的原因。我们将在第6章研究该问题及其可能的解决方案。

2008年后的经济衰退：原因何在？

正如我们所见，无形资产的投资增长在 2008 年经济衰退后放缓，而且似乎没有恢复到之前的速度（软件产业除外）。为什么？原因之一是，它与其他形式的投资（如信息和通信技术）形成了互补，这些投资增速也一直较慢。但还有其他原因。古斯塔沃·阿德勒及其同事发现，在他们搜集的公司样本中，相对于有形资产投资，在经济衰退前遭受损失（即有大量负债，或在 2008 年有到期债务）的公司减少了无形资产投资。[46] 无形资产投资在经济衰退后的 5 年内持续缩减，意味着这不仅仅是周期性衰退。经合组织在一项针对欧洲企业的研究中也报告了类似的情况。[47]

这一发现表明，不断加重的金融"摩擦"正在影响无形资产投资，尽管很难确定具体的摩擦是什么。许多机构不支持无形资产投资。例如，银行认为某些资本不适合作为抵押物，因此不愿为其提供贷款。但银行的做法向来如此。如果无形资产投资的放缓源自其他"摩擦"，那么一定是其他因素发生了变化。

一种可能的原因是，金融危机之后不确定性和风险增加，银行和公司在放贷时更加谨慎。金融危机本身就是一场巨大的冲击，随后是希腊在 2010 年后面临退出欧元区的可能（希腊脱欧），2016 年后英国旷日持久的脱欧问题，以及有关美国贸易政策的争议，所有这些都可能引发不确定性。[48] 重要的是，无形资产投资极易受到不确定性增加的影响，因为它是"沉没的"。（沉没投资是无法收回的支出：当诺基亚手机的操作系统 Windows Mobile 退出市场时，其设计方微软公司不得不冲销 50 亿美元。）通过提高等待的期权价值，不确定性的增加对不可逆投资的阻碍尤为严重。[49]

另一种可能的原因是协同效应。经济学家詹姆斯·贝森及其同事基于会计资料和无形资产数据构建了一个公司级数据集（主要是美国公司）。[50] 他们的发现令人惊讶——大约在 2000 年之后，落后企业赶超领先企业的能力大幅下降。这种下降与领先企业对无形资产的投资密切相关，尤其是对内部编写的软件的投资。考虑到无形资产属性的功能，这一发现是有意义的。无形资产具有协同效应，因此，相较于落后企业，在研发或产品设计上的边际投资对无形资产丰富型企业（如脸书）来说更有价值。此外，大型企业似乎特别受益于无形资产的溢出效应，它们善于利用这些溢出效应，复制或改造较小竞争对手的构想（科技行业称其为大科技公司周围的杀伤区——竞争对手经常被碾压的周边区域）。如此看来，2000年至2009年或许是一个转折点。当时，领先企业中无形资产的协同效应足以使追随者放弃投资，其结果是总体上投资放缓，以及（或）生产率增长下降，尽管投资仍在进行。

小结

我们回顾了世纪之交和金融危机以来令人失望的经济表现，讨论了五大问题：停滞、不平等、不良竞争、脆弱和不真实。传统说法——失落的黄金时代和大分裂，似乎并不能解释一切。我们认为，向无形资产投资的转型及其最近的投资放缓有助于解释我们所面临的困难。下一章将详细阐述这一主题。

重启未来

第 2 章

经济危机是一场无形资产危机

在本章中，我们证明了无形经济的基本属性有助于解释第 1 章介绍的五大问题。无形经济将加剧企业的聚集，加大企业之间的差距，显著提高加价，激发潜在的不良竞争和不真实的氛围。

按照我们的定义，无形资产危机是指：（1）前所未有的高水平无形资产投资；（2）无形资产投资增速放缓；（3）制度不足以应对无形资产丰富型经济的挑战。在本章中，我们将探讨无形资产危机如何解释 21 世纪令人不满、非同寻常的经济状况。我们首先描述了无形资产丰富型经济的特征，这些特征源自无形资产的基本经济属性。然后，探讨这些特征如何帮助我们解释当今世界的五大经济问题。

无形经济的特征

我们在第 1 章了解到，无形资产的表现往往不同于有形资产。具体来说，无形资产具有扩展性，表现出溢出效应和协同效应，通常是沉没成本。这些经济属性结合在一起，在整体经济中产生了三个值得注意的特征：领先企业和其他企业的差距；聚集的益处；竞争的加剧。

领先企业和其他企业的差距

有价值的无形资产具有扩展性，因此，拥有这些资产的企业会以其竞争对手的利益为代价迅速扩张。由于无形资产具有协同效应，如果一家企业拥有多项有价值的无形资产，它将拥有超强的竞争优势。此外，无形资产向其他企业的溢出效应使领先企业从中获益，其中一些企业擅长从规模较小或实力较弱的竞争对手的无形资产投资中获益（在科技行业通常被称为杀伤区）。因此，无形资产丰富型经济有点儿类似于"O 形圈"：企业之间貌似微小的差异可以被放大，最终形成差距的鸿沟。[1]

聚集的益处

经济学家早就知道，人们聚在一起交流思想会促进彼此的发展。一个多世纪前，阿尔弗雷德·马歇尔撰写了关于产业集群的文章，为普通观察者早已发现的现象命名。如今，在充满活力的城市定居（所谓的聚集效应）获得的益处更大，各行各业的聚集效应也日益凸显。比如，旧金山湾区曾是半导体产业的聚集地，如今则成为由大量低相关性产业组成的集群。与此同时，落后地区及其居民的损失越来越严重。我们的经济比以往任何时候都更依赖物理距离。遗憾的是，2019 年出现的新冠肺炎疫情让近距离接触变得危险。

竞争的加剧

无形资产具有溢出效应，因此很难证明资产的所有者是谁，而证明有形资产的所有权却相对容易。因此，围绕无形资产所有权的归属，甚至是否应该有所有权，出现了更多剑拔弩张的争论、对抗和诉讼。这些纠纷在科技行业已经司空见惯。例如，优步对合作司机的义务是什么？当涉及盗版内容时，YouTube 视频应该在多大程度上尊重版权所有者的要求？这类争端无处不在。图书馆能借电子书吗？农民能自己修理拖拉机吗？

合同执行有助于鼓励贸易和投资。因此，竞争性资源的增多应该是意料之中的：它仅仅反映了整个经济中无形资产投资的增加。如果有更多的专利，就会有更多的专利律师。事实上，争论并不总是激烈的，它还催生了无数职业，比如文学经纪人、专利律师、销售经理和本体论者。这些职业的作用是使无形资产的转移、组合和分离更加顺畅。

然而，并非所有形式的竞争都有利于经济。有两种特殊的竞争形式存在问题。其一，当经济的性质发生变化，新的游戏规则正在形成时，更多的经济回报就会落到掌握着政治和社会权力的人的手中，被那些左右经济游戏规则、为己谋利的人攫取。其二，与普通有形资产投资相比，无形资产投资更有可能是零和投资，或地位投资，尤其在无形资产主要基于关系而非知识的情况下。例如，治疗疾病或鼓励乘客选择航空旅行的新方法不会削弱其他方法的有用性，但一些关系型无形资产可能会降低他人的无形资产价值。广告活动是为了在固定规模的市场上，以竞争对手的利益为代价强化品牌效应，创造有价值的无形资产，但这种无形资产只会降低竞争对手的资产价值。成立国际子公司（唯一的作用是避税）的成本也是一种无形资产投资，但创造的价值只是将其从纳税人那里转移过来。相对而言，有形资产基本上没有这种特征，只有一个例外，那就是高频交易者为了击败竞争对手，使用光纤电缆将证券交易时间缩短几纳秒。

总之，目前经济中的大部分投资都是无形资产投资，但无形资产的增长明显放缓。无形资产具有较强的扩展性、溢出效应和协同效应，通常是一种沉没成本。此外，一些无形资产投资是零和博弈。相较于有形资产投资，无形资产投资的平均资本更有可能出现零和博弈的特征。其结果是更强的聚集效应，导致繁华城市的生产率比落后城镇或农村更高。无形资产丰富型领先企业与落后的竞争对手差距加大。无形资产的所有权往往不明确，因此存在争议。企业一旦倒闭，无形资产的价值就会降低，这给贷方和寻求贷款的企业带来了挑战。

无形经济及其现状

现在，让我们回到第 1 章所描述的 21 世纪经济令人不安的症状：停滞、不平等、不良竞争、脆弱和不真实。新的无形经济对每种症状都产生了重大影响。

停滞

无形资产危机在三个重要方面导致经济增长放缓。第一个因素是最直接的：金融危机前后，人们并未察觉到无形资产投资的放缓。按照 2007 年之前的增长率，企业的无形资产投资低于预期。我们认为，投资减少在两个方面转化为增长放缓。第一，我们预计，无形资产大幅减少的国家将经历更严重的经济增长放缓。事实上，数据支持了这一结论。第二，我们预计，经济增长放缓将表现为全要素生产率（TFP）的下降，从中显现出无形资产投资的溢出效应，比如技术突破推动整个行业发展，新管理方法被广泛采用，新产品设计创造出全新的类别。事实上，我们正在经历的衰退主要是 TFP 的下降。图 2.1 显示，无形资产服务增长降幅最大的国家，TFP 的降幅也最大。

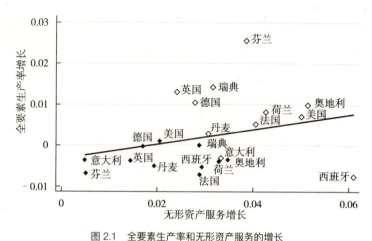

图 2.1　全要素生产率和无形资产服务的增长

注：空心菱形=1999 —2007 年，实心菱形=2008—2016 年。包括奥地利、丹麦、芬兰、法国、德国、意大利、
荷兰、西班牙、瑞典、英国和美国。

资料来源：科拉多等，2019。

　　对现代技术的失望还有一个二阶效应。正如我们看到的，21
世纪经济停滞的特点之一是，经济低增长与对科技行业的过高期
望和预测脱节。比如，承诺问世却从未问世的飞行汽车。经济学
家埃里克·布莱恩约弗森、丹尼尔·罗克和查德·赛弗森将这种
技术失望的状态与无形资产联系起来。[2] 他们指出，新技术要产
生经济效益还需要大量其他无形资产投资：如新流程、新业务关
系、员工的新技能。换句话说，就新技术而言，无形资产的协同
效应特别强。因此，当新技术突飞猛进时，无形资产的放缓会对
生产率增长产生更大的负面影响。[3]

　　对 TFP 增长的影响也可能不是来自无形资产投资增长的放
缓，而是来自其历史高位。回想一下，无形资产投资中的零和游
戏，因为它是相互关联的。也就是说，只有损人才能利己（例如

　　　　　　　　　　　　　　　　　　　　　　　　　　　　　　　重启未来

避税子公司）。我们可以将这种交易视为一种负面溢出，它表现为较低的 TFP。如果经济中更多是零和无形资产投资，而非有形资产投资（这似乎是事实），那么其 TFP 就可能低于预期。这三种效应共同产生了我们观察到的结果：TFP 较低，无形资产投资量很大，但增长缓慢。

无形经济解释了生产率增长缓慢的原因，该解释与其他研究结果一致。罗伯特·戈登、泰勒·考恩和埃里克·布莱恩约弗森对技术进步放缓表示担忧，上述解释为这一现象提供了基本理由。在《充分增长》一书中，迪特里奇·沃尔拉特对全要素生产率下降的两种解释也与我们的解释一致。沃尔拉特指出，2000年至 2016 年，美国 TFP 下降的大部分原因是企业活力的下降（生产性小企业的增长和迭代速度变慢），以及从制造业（TFP 历史增长率一直很高）向服务业（TFP 历史增长率一直较低）的长期转型。[4] 两个原因都带有无形资产视角：无形经济加剧了领先企业和落后企业的差距，而企业活力不足与这一现象有关。此外，服务业生产率的增长可能需要更多的无形资产投资，还需要引入信息技术，改善医疗和教育等处境艰难的领域。

不良竞争：利润、聚集和生产率差距

21 世纪的竞争问题充满了矛盾。许多人认为，企业之间的竞争和市场活力在总体上已明显减弱。在一定程度上，体现为领先企业和落后企业之间巨大且持久的差距，但还有更多的解释。新创企业越来越少，小企业很难发展壮大，但员工和管理者并没

有停滞和自满。相较于以前，职场等级化更分明、竞争性更强、绩效评估更严格。更多低薪员工受制于严苛的绩效制度，而高级员工的生活越来越像一场始于童年的高风险竞赛，通过华而不实的教育仪式来彰显自己的能力，并为此付出高昂的代价。

我们将在第 7 章讨论这些问题。总体而言，我们不认同竞争已经减弱的观点。尽管一些市场的竞争对手数量以及领先企业与落后企业的差距有所缩减，但这些数字可能不是衡量无形资产密集型领域竞争的有效指标。当企业能够扩大规模并利用协同效应时，无形资产微小的质量差异就会被放大。领先企业将甩开落后企业，从无形资产投资中获得回报。这并不一定意味着竞争的减弱。即使竞争者数量较少，少数平台之间的竞争也可能非常激烈。在计算加价时需测量这部分无形资产的收益，而事实上很少有人能做到。

三项研究结果都支持这一论断。

第一，在纳入无形资产数据后，美国的加价并没有上升。我们在第 1 章特雷纳的研究成果中看到了这一点。然而，销售和行政管理支出包括无形资产之外的其他项目。因此，一种更好的方法是（如图 2.2 所示），计算宏观经济中包含和不包含无形资产的收益率，在行业层面测量无形资产（尽管无法获得企业层面的数据集）。在不包含无形资产的情况下，美国的收益率是上升的。在包含无形资产的情况下，收益率是持平的。因此，从这个角度看，美国收益率的上升是一种假象，是未能正确测量无形资产造成的。

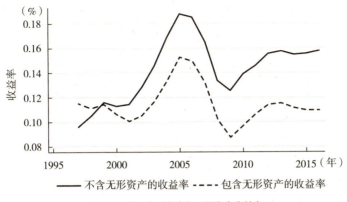

图 2.2　美国有形资产和无形资产收益率

资料来源：作者的计算使用了 www.intaninvest.net 上的数据。

第二，经合组织研究了产业聚集的变化与无形资产密集度之间的相关性。研究发现，聚集的增强发生在无形资产最密集的行业，如图 2.3 所示。[5]

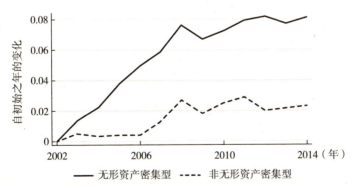

图 2.3　按无形资产集中度划分的聚集演变（顶级的八家公司份额），包括比利时、芬兰、法国、意大利、日本、西班牙、瑞典、英国和美国

资料来源：巴伊加尔、克里斯库奥洛和蒂米斯，2020。

第三，卡罗尔·科拉多及其同事关注生产率差距的扩大。[6]

如图 2.4 所示，在控制了大量其他因素之后，在无形资产密集度更高的行业中，领先企业和落后企业之间的生产率差距越来越大。

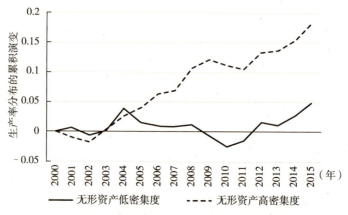

图 2.4　按无形资产密集度划分的生产率分布演变

注：在控制了影响生产率分布的其他因素（包括总产出、资本和劳动力投入、资本与劳动力比率）后，该图描绘了无形资产高密集度和低密集度行业生产率分布的演变。包括奥地利、比利时、丹麦、芬兰、法国、德国、爱尔兰、意大利、荷兰和葡萄牙。

资料来源：贝林杰里等，2021。

最后，关于职场竞争问题，我们得出了怎样的结论？丹尼尔·马科维茨在其著作《精英体制的陷阱》中指出，在美国，养育子女、接受教育以及文凭"崇拜"正在成为获得好工作和经济成功的重要通行证。[7]只有富人才能获得这种机会，中产阶级也望尘莫及。我们可以解释通行证在无形资产丰富型世界中的重要性。以教育的形式（如大学学位）对无形资产进行地位投资或零和投资，使用软件监控程序等无形资产对员工进行分类[8]，以及在"竞争性"工作中社会资本（如关系）的价值，共同设下了精英体制的陷阱。（有关竞争的更多信息，请参见第 7 章。）

　　总之，无形资产可以解释所观察到的利润和产业聚集的诸多趋势。更详细的讨论见第 7 章。

不平等

　　我们在第 1 章提到，21 世纪的不平等有三个特点：其一，20 世纪 80 年代到 90 年代，贫富差距明显加大，并且势头不减；其二，高收入者和低收入者之间的差距也有类似的模式；其三，尊严和社会地位的差距很难用实证方法测量，但过去的 20 年，差距在持续增大。

　　西方政府一直在通过累进税和福利缩小贫富差距。"富者更富，穷者更穷"的观点至少和《马太福音》一样古老。有人认为，不平等加剧的原因是政府没有控制好再分配，这一说法似乎有道理。但我们有理由相信，无形资产丰富型经济也应承担部分责任。事实证明，在观察到的不平等加剧中，有很大一部分可以用无形资产驱动的变化来解释，尤其是用领先企业与落后企业的差距以及集群效应来解释。

　　思考一下收入不平等。最近一项有关收入差异的研究表明，近几十年来，收入不平等的加剧主要来自高利润企业员工与其他企业员工的薪酬差异。这一现象不仅美国有，奉行平等主义的瑞典也有。有些企业经营得非常好，有些企业则很差，高收入者和低收入者的差距似乎越来越大。[9]

　　企业进行无形资产投资，能更方便地观察和管理员工的表现，这似乎也加剧了不平等。长期以来，经济学家一直在研究效率工资的概念，即雇主支付丰厚的工资，以防员工推卸责任。实施效率工资的部分理由是，管理有赖于信任，而不是对员工的所有行为明察秋毫。密切监管不但令人反感，且成本很高。然而，软件、数据分析和新的管理方法使近距离观察变得轻而易举，曾经受信任的员工活动如今可被细致地观察、比较和评估。亚马逊公司能够监控仓库员工每小时运送的包裹量、呼叫中心工作人员每小时处理的电话量以及客服代表每通电话的用时，这些能力都基于无形资产——衡量和奖励员工绩效的软件和业务流程。类似的技术和活动加剧了白领之间的不平等。例如，路易斯·加里卡诺和托马斯·哈伯德展示了更先进的绩效监控和计时收费系统如何让律师事务所将表现优异的律师和其他律师区分开来。[10]最终，明星员工获得更高的报酬，落后者要么瞠乎其后，要么被解雇。无形资产投资让专业领域的雇主用弱肉强食的工作文化取代平均主义的工作文化（工资通常基于资历）。

无形资产投资的崛起对财富不平等产生了间接但有力的影响。托马斯·皮凯蒂的著作《21世纪资本论》出版后，我们可以清楚地看到，大部分（按照马特·罗格利的说法，几乎全部的）[11]财富不平等都源自20世纪末、21世纪初令人目眩的房地产价格上涨。房地产价格上涨并非无处不在，它们大多发生在充满活力的城市，这些城市因无形资产的重要性日益增强而表现出集群和聚集效应。

地位不平等与无形经济之间的联系更为紧密。随着聚集经济的重要性的日益增强，繁荣城市和落后地区之间的经济差距加大，严格的规划法使低收入工人到繁荣城市找工作的成本越来越高。[12]无形资产的争议性凸显了这种联系：如果涉及争议性资产谈判和索赔的经济活动不断增多，那么社会资本及其标志物（如阶级和教育）也会变得更加重要。

脆弱

一种观点认为，现代社会难以应对流行病和气候变化等威胁，原因是无形资产投资的失败。该观点是反直觉的。事实上，大多数人都会做出相反的假设：脆弱是因为过度关注无形资产这种无内容事物，而对稳健的有形事物考虑不足。

当新冠肺炎疫情暴发时，大量公开辩论聚焦在抗疫的有形资产上。中国在武汉快速建造了新的抗疫医院，其效率给国际观察员留下了深刻印象。西方人很想知道他们是否也能做到这一点，还担心呼吸机无法满足高峰需求，或者没有足够的工厂来生产防护设备。

事实证明，大部分有形资产问题都在我们的掌控之中。英美两国都建造了自己的急救医院，解决了 ICU（重症加强护理病房）容纳能力不足的问题。事实上，那些抗疫表现突出的国家在无形资产方面的投资力度很大，包括有效的追踪追溯系统和检疫隔离系统（依靠软件、数据和流程）、正常运转的供应链（避免少数西方国家出现的情况——有防护设备，但无法快速运往目的地）以及测量、分析和快速响应流行病学数据的能力。战胜疫情还需要大量无形资产投资：追踪、追溯和隔离感染者的软件和流程；研发有效的药物、治疗方法和疫苗；确保民众接种疫苗的网络、系统和活动。

为应对减少世界碳排放的长期挑战，我们需要大力投资无形资产。人们在思考气候变化的应对措施时通常会想到有形资产投资，比如太阳能电池板、风力发电厂、电动汽车以及碳捕集与储存设备。这种有形资产投资是减少碳排放的必要组成部分，但还不足以应对挑战——事实证明，那是最容易做到的。例如，英国大幅减少了煤炭发电量，用可再生能源和低碳能源取代煤炭。发电产生的平均碳排放量从 1990 年的 2.42 亿吨二氧化碳当量下降到 2018 年的 98 吨。[13] 英国有一个公共电网，一旦制定了适当的激励措施，以清洁能源取代有污染能源只是一个建设生产能力问题。在某种程度上，电网是有形资产问题（塔架和连接），但它也是无形资产的一部分：建设电网需要对制度、标准和协议进行投资。美国的东海岸、西海岸和得克萨斯州都有独立电网，风力发电的部署一直较慢，部分原因是缺乏统一的公共电网，导致在多风的得克萨斯州发电并将电力输送到对可再生能源需求很高的东海岸或西海岸变得更加困难。德国启动了一项雄心勃勃、耗资巨大的项目，通过投资可再生能源来实现电力供应的脱碳，但核电站的关闭阻碍了该项目。问题不在于有形资产，而在于不具备选民接受的社会许可和安全制度——这是无形资产投资而非有形资产投资的失败。

我们将目光投向发电之外，会看到更多无形资产投资失败的案例。能源专家认为，经济脱碳的难点不是发电，而是运输系统和家庭供暖。实现这一转变依赖于有形资产投资：安装空气源热泵或氢能源锅炉，而不是用燃气供暖；用电动发动机取代内燃机，用公交车取代小汽车，用自行车道取代机动车道。但与发电一样，有形资产并非难点。取暖和运输问题之所以棘手，是因为它们是复杂系统。为了能够投资有形资产，我们还需要大量无形资产投资。在交通运输方面，无形资产投资包括新道路的有效设计；在道路使用者之间达成新协议，获得修建新路、创建系统和商业模式的许可；让汽车充电像加油一样方便；研发电池，生产具有足够续航里程的电动汽车。在供暖方面，无形资产投资意味着房屋改造设计与规划，以适应电供暖或氢能源设备，支持新系统及其商业模式。

如果我们从头开始建设城市，许多无形资产投资问题就会得到缓解。遗留系统的限制加大了无形资产投资的难度。

除了健康和气候，脆弱性还表现在另一重要方面。从某种意义上说，我们过去用来抵御负面经济"冲击"的政策杠杆，尤其是货币政策，似乎已经无济于事。在无形资产更加丰富、结果更加不确定的世界里，借贷的风险越来越大。与此同时，老龄化社会的预防措施（如提供退休金）增加了对"安全"资产的需求。储蓄需求的增加，以及安全和风险回报之间的差距加大，会降低安全的长期实际利率，压缩央行降息和提振经济的空间。有关货币政策脆弱性的讨论详见第 5 章。

不真实

　　经济缺乏真实性，我们应该为此感到困扰的观点至少有三层含义。第一层是罗斯·多塞特在《堕落的社会》（*The Decadent Society*）中指出的，我们的产出中有太多衍生品和自指，是重组的产物，而非原创的结果。[14] 第二层是大卫·格雷伯和许多富裕国家政治家表达的担忧，他们认为经济中充斥着大量造假，很多工作不能产生实用的结果。公众认为，政治话语中最令人痛惜的失去经济活力的是制造业。第三层，人们普遍认为，现代经济充斥着华而不实的快速致富方案，这些方案缺乏实质性内容，轻则显得滑稽可笑，重则涉及欺诈。比如智能榨汁机 Juicero 从可联网功能中赚取 10 亿美元的失败计划，血液检测公司 Therano 虚假血液检测帝国的崩溃，以及英国建筑公司 Carillion 的突然清算。企业看起来不像是诚实、努力工作的产物，更像是杰克的魔豆。

　　多塞特认为，我们的创意经济充斥着越来越多的重组和循环。这一观点令人不安：这种衰退一定预示着某种根深蒂固的腐朽。不过，从无形资产的角度看，重组不无道理。今天的经济拥有前所未有的无形资产存量，包括很多创意产权，从《哈利·波特》到百老汇戏剧《汉密尔顿》，从纳斯卡赛车（NASCAR）到《国家地理》。当这些资产以正确的方式组合时，会变得极富价值——这是协同效应的功能。因此，为寻找正确的组合而多次尝试（通常采取合成或改编的形式）是理所当然的事，是我们在无形资产丰富型社会中期望看到的现象。

人们对"真实"工作岗位消失的担忧，也与无形资产协同效应产生的巨大价值有关。格雷伯所说的许多"狗屁工作"都涉及对协同效应的利用。就制造业而言，无形资产提供了不同的解释。提起制造业，人们经常想到有形资产：工厂、机床、生产线。但我们观察那些拥有大型制造业的富裕国家，比如德国和日本，发现其竞争优势主要依赖无形资产，包括劳动力的技能以及培训、研发和设计能力，这些能力让它们始终处于产品技术的前沿。这些国家还通过持续改进流程（如精益生产和六西格玛管理）来降低高昂的单位劳动力成本。制造业的衰退，及其所提供的物质、思想层面理想工作岗位的丧失，是无形资产投资失败的结果。

无形资产的重要性也有助于解释"魔豆"因素——高风险企业的数量明显增多。在商业资产具有高度扩展性的世界里，正确的组合可以释放出巨大的协同效应，我们预测会迸发出各种商业思想（其中许多是不可信或不可靠的），正确行事的人有可能获得巨大的回报。

小结

本章认为，无形资产危机可以很好地解释第 1 章提出的问题与悖论——停滞、不平等、不良竞争、脆弱和不真实。特别是，无形资产更丰富的世界解释了这些问题共存的方式和原因。停滞与应接不暇的技术变革共存。不平等的加剧在很大程度上已经停止,却伴随着日益严重的尊严不平等。竞争指标显示竞争在减弱,但个人生活却变得更忙碌。脆弱与更先进的通信和出行方式共存。不真实与跨越国界的创造力共存。

本书后续部分将介绍解决这些问题所需的制度变革,但首先要阐明制度的本质。这是下一章的主题。

第 3 章

无形资产危机

制度失灵

良好的制度有助于经济增长。但我们从灯塔的历史中领悟到，随着经济的变化，合理的制度可能会变得不合理。无形资产的特殊属性需要具体制度的配合，但总体而言，这种制度尚未成形。遏制无形资产投资放缓、恢复经济增长的必要条件是制度的更新与创新。

在风景如画的托斯卡纳区锡耶纳市，漫步于市政委员会的会议厅，你可以欣赏到安布罗吉奥·洛伦泽蒂著名的壁画《好政府对城市及乡村的影响》（见图 3.1），它是意大利文艺复兴时期（约 1338 年）最早的世俗画之一。正如本书导言所说，它提出了一个基本的政治观点：良好的制度可以促进经济繁荣。[1]

图 3.1 安布罗吉奥·洛伦泽蒂,《善治对锡耶纳及其辖区的影响》,锡耶纳市政厅

14 世纪初，锡耶纳市和其他意大利城市的经济取得了长足发展，开始摆脱几个世纪以来西欧大部分地区的生存困境。虽然以现代标准来衡量，它仍很贫困，但比过去要富裕。而且，以历史标准来看，这种经济增长本身就是了不起的。壁画逐渐褪色，经济潮流也发生了逆转。曾经促进托斯卡纳繁荣的制度和规则无法满足新兴经济的需求。投资放缓，炫富之风盛行，不明智的土地开发导致了灾难性的洪水，日益严重的不平等引发了骚乱。要应对这些新挑战，锡耶纳市的制度完善工作困难重重。统治者认为，应委托画家创作关于善政和恶政的壁画，这表明该问题在当时是有争议的。

促进锡耶纳市繁荣的制度无法适应新经济。与意大利北部的许多城市一样，锡耶纳市开始停滞不前，随后走向衰落。公共建筑上的壁画令人伤感地回忆起那段跌宕的历史。

锡耶纳市的壁画为我们的论证提供了三条宝贵经验。第一，良好的制度可以促进经济增长和投资。第二，好制度的定义可能会随经济的变化而变化。第三，不更新制度，经济可能会从增长走向停滞。有句话说得好：昨日的旧船票登不上今日的客船。

我们在谈论制度时，并非指"古老而庞大的机构"，而是指经济学家使用的含义：经济博弈中正式和非正式的规则。新制度经济学的先驱之一道格拉斯·诺思将制度更精准地定义为"人为设计的人类互动约束"。[2] 根据这个定义，哈佛大学不是制度（尽管它古老而庞大），但"学术领域的同行评议""博雅教育"，以及大学中的所有活动与规范都是制度。

制度与经济增长

主流经济学的批评者经常指责经济学家低估了制度的重要性。他们认为，经济学家过快地接受了亚当·斯密的观点，即繁荣基本上只取决于"和平、宽松的税收和运作良好的司法"[3]，忽视了支撑现代市场经济庞大而复杂的基础结构——规范、规则和期望。借用马克思和恩格斯的话，批评者指责经济学家只关心"人与人之间赤裸裸的私利，以及冷酷无情的'现金支付'，不关心其他联系"。[4]

经济学家为自己辩护，强调新制度经济学实践者几十年来的研究。他们将历史学、法学、政治学和其他学科的观点与严谨的经济分析相结合，考察了制度与经济表现之间的关系。2009年诺贝尔经济学奖获得者之一埃莉诺·奥斯特罗姆撰写了沿海社区渔业管理的规则和规范；2020年约翰·贝茨·克拉克奖获得者梅丽莎·戴尔研究了秘鲁殖民统治时期的强制性劳动规则在几个世纪后对贫困和健康的影响。如今，"制度对经济增长至关重要"的观点在经济学家中已无争议。达龙·阿西莫格鲁、西蒙·约翰逊和詹姆斯·罗宾逊[5]在富有洞察力的著作和论文中，将好制度定义为，"为社会各阶层提供产权保障和相对平等的经济资源获取渠道"。阿诺德·克林和尼克·舒尔茨在十多年前就强调了制度在无形经济中的重要性，他们将制度描述为"操作系统"。[6]

好制度鼓励投资和增长，坏制度阻碍投资和增长，这一观点简单易懂。毕竟，法治、运转良好的市场和公共物品的供应都是各种制度结合的产物，比如法律、执行法律的法院的业务，以及使大多数人依法行事的规范。如果连经济学的门外汉都明白制度的重要性，他们就有理由问一句："我们真的需要50年的制度经济学来证实这一点吗？"

与此同时，有些经济学家对"经济增长依赖制度"的解释表示怀疑。当然，他们认为，制度总的来说是重要的，但人们随意用它来解释任何反常现象，这种解释并不可靠。当经济运行良好时，你总可以感谢好制度；当经济运行不畅时，你就可以责怪坏制度。我们认为，应具体思考制度为何有利于增长，这能让我们设定更高的证据门槛，以确定制度何时会令人失望。明确了这一重点，我们就可以解释无形经济为何会给现有制度带来压力。

制度、社会互动和经济交易：路线图

我们将提出一些有关制度的抽象概念，简要介绍我们的出发点和目标路线图，然后论证制度是时代的产物。为此，我们需要解释为何某些制度在某些时代有益，而在另一些时代有害。我们将论证，制度有助于交易的某些方面，却会阻碍另一些方面。因此，随着经济的变化和交易条件的改变，有些制度变得不合时宜。

社交的一个关键特征是交易，即商品和服务的交易，有时指货币交易。交易有利于经济增长。事实上，经济增长需要一种被称为投资的特殊交易。广义地说，投资是为将来的利益进行的交易。我们必须确定交易过程的维度，更具体地说，确定交易的条件或阶段。然后，描述哪些制度支持或创造了交易条件。最后，我们要表明，在向无形经济转型的过程中，需要不同的交易过程，而不同的交易过程又需要不同的制度。

为了说明上述论点，我们以灯塔的历史为例。研究灯塔的学生（当本章结束时，你将成为这样的学生）有多种学习方式。技术方法研究灯塔的技术层面：比如灯塔的构造和照明。还可以研究灯塔的交易条件：它的卖点是什么？我们还要研究支持交易的制度。灯塔属于私有、公有还是慈善机构，是否受到监管？在举灯塔这个例子之前，我们必须提出并回答一个重要问题：制度的目的是什么？

制度的目的是什么？

为了回答这个问题，我们以一个无制度社会为研究起点。经济学家哈罗德·德姆塞茨说，鲁滨逊·克鲁索不必担心制度。没有律师、会计师或警察，因为他不必与任何人打交道。克鲁索的世界是一个没有交易的世界，但那是规则的例外。诺贝尔奖获得者、经济学家道格拉斯·诺思认为，制度是人为设计的人类互动约束。他接下来说："纵观历史，制度是由人类设计的，目的是创造秩序，减少交易中的不确定性。"[7]

我们如果对无形资产投资以及投资放缓的原因感兴趣，就应关注"交易中的不确定性"。投资当然是一种交易形式，与其他交易形式相比，投资更易产生不确定性，因为它是随着时间的推移而发生的：人们进行投资为的是以当下的成本换取未来的回报。我们将看到，无形资产投资本身也会产生不确定性。

然后，我们开始调查交易的条件或阶段，再确定哪些制度支持这些条件。

交易的条件或阶段

完成一个互利交易需要什么？它可以是货币的，也可以是非货币的。合作方可以是个人，也可以是多人联盟（例如，一家公司从另一家公司购买商品或服务）。交易是否存在关键因素？还是说交易行为很分散，无法分类？我们认为，交易包括四个步骤。

第1步　信息：找到互利交易的潜在合作方

大多数交易分析都将有利的交易条件视为理所当然，即买卖双方已经匹配。[8] 例如，在新冠肺炎疫情的早期阶段，卫生部门急需个人防护设备（PPE）、呼吸机和疫苗。从根本上说，这种匹配过程属于信息问题。卫生机构需要的信息是：从何处获得PPE，哪些企业可以生产呼吸机，疫苗的配方是什么。

信息的主要特征是什么？首先，信息可能是分散的（PPE买家并不总是知道卖家是谁）。肯定存在发现买卖双方的途径。其次，信息可能是不确定的，甚至是不对称的：医疗服务提供者不了解 PPE 的质量。更糟糕的是，如果买家认为市场上只有劣质产品供应商，那么市场可能会驱逐那些无法传递信息的优质产品供应商。最后，信息可能会缺失。我们不知道谁可能会生产呼吸机。2020 年初，我们还无法确定有效疫苗的上市时间。

第2步　集体行动：确保所有交易受益人都做出贡献

一旦找到 PPE 供应商，或者有了疫苗，我们就必须确定一种方法保证所有交易受益人都为它买单。在一对一的交易中，这个过程很简单；但当国家买单时，交易的目的是为集体供应物资。例如，有些人认为，向外国游客提供 PPE 或更全面的医疗服务，会导致其他人无法获得这些设备或服务。当有人从免费活动中受益时，集体行动问题就会出现：例如，邻居观看你放的烟花，或者没有投资某种化学品研制的人使用了这种化学配方。也许你可以和邻居议价，或者向作为竞争对手的化工厂收取知识许可费。无论采取何种方案，解决集体行动问题的一个重要因素是，确定是否可以驱逐受益人，或让其做出贡献。当商品需要合并，而个人阻碍了整个交易时，集体行动问题也会出现。比如，在多个地块上修建交通枢纽。

第3步　承诺：确保合作方不会违约

如果合作方无法承诺未来的表现，那么随着时间的推移，交易就会失败。三周内支付 PPE 款项需要基于 PPE 即将交付的承诺。疫苗的研发需要投入大量资源，企业期望在未来收回成本的想法合情合理。

第4步　最小化议价或影响成本：不要在交易中获取太多资源

交易过程可能涉及所谓的"议价"或"影响"成本。保罗·米尔格罗姆和约翰·罗伯茨认为，议价成本包括议价本身的成本、监控成本、强制执行成本，以及协议失败成本。[9] 其中可能包括人们为"影响"决策而付出的成本，例如，说服成本和奖励成本。有些成本属于交易的信息成本，例如，收集是否履行合同的数据。有些成本可能涉及集体行动问题——例如，驱逐受益人。但它们都很重要，足以单独列举。此外，奥利弗·哈特和约翰·摩尔认为，交易通常涉及"议价成本。"[10] 议价成本包括人们在议价过程中感到紧张的心理成本、失望的成本，或者在交易中感到不公平所引发的委屈情绪。

制度如何支持交易的四个步骤？

为了将交易的四个关键特征与制度联系起来，让我们了解一下人类学家的工作。根据人类学家埃莉诺·利科克的说法，因努人（她称为蒙塔格奈人）是加拿大魁北克的原住民。17 世纪时，他们没有土地所有权的概念，土地是每个人都可以利用的共同资源。[11] 猎人通过自由狩猎来养家糊口。以现在的观点看，他们几乎不与外部世界进行贸易或交易。

18 世纪，部落之间以及部落与水手等外部群体之间开始发展贸易。利科克认为，这样一来，土地的非所有权就改变了。部落开始将土地分配给家庭，允许家庭拥有专属狩猎权。他们标记了海狸陷阱，将其指定给特定的家庭。相似的模式在拉布拉多半岛的森林猎人中也有发现。家庭狩猎区被分割开。此外，中心地区禁止狩猎，除非自己的家庭区域资源短缺，否则不得进入公共土地。家庭按季度轮流在不同的区域狩猎。美国西北部的所有权更加稳定，出现了继承制度。而美国西南平原的美洲原住民没有土地产权，土地仍是共有资源。直到欧洲殖民者带着牲畜来到此处，土地共有的情况才发生了变化。

道格拉斯·诺思以类似的方式描述了许多社会演变。交易始于家庭内部，但很少发生在家庭之间。交易一旦发展到村庄之外就变得更加匿名化，与交易相关的活动随之增多，包括提供担保、融资和对违约的赔偿。这些活动意味着建立起某些关键制度或"人为设计的约束"，从而在各方面促进交易的发展。

信任、声誉和互惠

在贸易广泛开展之前，交易主要发生在家庭内部，或相邻的部落、村庄。我们可以把信任和互惠看作促进早期贸易的"制度"。人类学家认为，规则是人们与少数熟悉的玩家反复博弈获得的稳定结果。他们撰写了大量文章，阐述了规则形成的方式。

然而，我们不应过度浪漫。信任和互惠并不意味着早期社会总是仁慈、宽容的，也不意味着那时没有现代资本主义社会无情的诈骗。确保信任的过程需要惩罚失信者。在其他条件相同的情况下，惩罚得越严厉，信任越有可能得到维持。或许，我们希望回到一个更诚信的社会，但它可能有赖于对失信者的严惩。此外，随着社会规模的扩大和贸易的增多，了解交易各方的情况是不可能的，因此，必须由其他规则来取代信任，比如声誉或退款保证。

产权

如果交易的性质变了，会发生什么？哈罗德·德姆塞茨思考了人类学家所说的猎人的动机。他认为，猎人如果没有土地，无法控制他人的狩猎，就没有投资动物繁衍或存量维护的动机。因此，他们很有可能会过度狩猎，给其他猎人和后代带来成本（经济学家称为外部效应，即一个人的行为对他人的影响）。在毛皮贸易发展之前，过度狩猎在猎人稀少的广袤土地上是次要问题。猎人之间的互动很少，土地可以养活较少的猎人，自然地补充猎物的存量。然而，当毛皮贸易发展起来之后，猎人之间的互动就变得重要起来，因为获取毛皮不再只是为了自用，还为了与他人进行交易。

社会需要一种机制来管理这些互动。产权是解决该问题的重要机制。产权一旦得到保护，猎人就会关注动物的数量和未来趋势。原则上，他们可以就捕获量等问题相互协商。这些约定在毛皮貿易中尤其重要，因为海狸通常生活在特定区域，不会到处迁移，所以，将特定区域分配给特定的猎人，会让他们产生强大的动机，珍惜狩猎机会。

那么，为什么在欧洲人到此定居之前，美国西南部平原的美洲原住民没有产权？德姆塞茨给出了两个原因。首先，只有当欧洲殖民者带着牲畜来到这里时，产权才得以发展。其次，西南部平原以放牧为主，这里的动物不像海狸那样在有限的空间里活动。因此，对那些在这里狩猎的猎人来说，获得特定土地产权的价值要低得多。

最后，弗里德里希·哈耶克认为，产权制度的建立对市场的发展至关重要。产权有助于解决分散的信息问题。哈耶克[12]认为，交易不是商品或服务的交易，而是其使用所有权的交易（例如，转售或禁止他人使用的能力）。因此，产权是市场得以发展的关键制度，它通过市场价格信息解决了信息分散问题。[13]

当然，无论是私有产权（你的房子）还是集体产权（共享财产或专利池），都必须得到保障和尊重。我们将该制度特征归为以下承诺。

集体决策机制

产权可以有多种形式。土地可以公有、私有或国有。正如我们了解到的，拉布拉多半岛的早期猎人确立了公有土地产权。交易需要建立提供集体决策机制的制度。

可能的方法有很多，其一是信任与互惠。[14]相反的做法是，设计政治制度来规范国家决策，例如各种形式的投票制度。在中间层面，大公司有权按其意愿使用资本。换言之，社会必须找到一种方式来分配与交易相关的权力。

尽管集体决策或权力可能有助于解决集体行动问题，但如果涉及大量议价和影响力活动（游说、官僚主义等），成本可能会非常高，这就是经济学家所说的交易成本的一部分。如果这部分成本过高，制度设计就必须对其加以控制。[15]

合同执行

产权必须得到保障和尊重，因此，合同执行是关键。当交易发生一段时间后，一个特别严峻的问题就会出现。达龙·阿西莫格鲁、西蒙·约翰逊和詹姆斯·罗宾逊指出，"在发生经济交易的任何市场情况下，只要金钱与交易物分离，承诺问题就会出现"。[16] 对政府来说，或者更宽泛地说，对任何权力机构来说，承诺都是一个特殊问题。如果法律制度允许，私营部门可以通过签署具有法律约束力的协议来做出承诺，但法律是由国家官方机构制定的。显然，权力机构不能为未来签订强制执行的合同。因此，缺乏承诺是一个关键问题，需要制度提供解决方案。制度解决方案是一套能够实现承诺的政治制度。阿西莫格鲁及其同事认为，英国内战（1642—1651年）和光荣革命（1688—1689年）带来的正是这种制度的变革。都铎王朝的君主，尤其是亨利八世，试图建立一个可以任意没收财产、增加税收的专制君主政体。内战的结果是权力从君主转移到议会，光荣革命进一步巩固了这一转变。体制改革带来了可靠的承诺，即不再有财产没收行为，至少这种行为有所收敛。阿西莫格鲁及其同事认为，这一变化可以追溯到世界贸易的扩张以及新商人阶层的出现，其经济利益与国王任意侵占财产形成直接冲突。[17]

由于承诺的存在，政治制度保持着微妙的平衡，津巴布韦从白人统治到多数派统治的转变就说明了这一点。津巴布韦最初的选举制度保证白人选民在立法机构中拥有 20% 的席位，尽管白人只占人口的 3% 左右，但在五年内，这一制度发生了变化。随后的宪法修正案允许重新分配土地，为穆加贝政府通过法律和法外手段重新分配土地打开了大门。在达龙·阿西莫格鲁和詹姆斯·罗宾逊合著的《狭窄的走廊》(The Narrow Corridor) 中，作者认为，政治制度必须有效处理好两种需要——需要一个强大的国家执行合同、提供集体物品；需要一个强大的社会防止国家变得过于强大。[18] 巴里·温加斯特也提出了类似的观点。[19]

以上论述表明，随着时间的推移，有助于履行承诺的制度是交易的关键。合同执行和信任显然有助于履行承诺的制度。对无法做出承诺的政府来说，拥有解决集体行动问题、最小化影响成本或议价成本的制度至关重要。[20]

交易的条件和支持条件的制度：综述

表 3.1 总结了交易所需的条件，以及支持这些条件的制度。第一列显示了交易的关键条件，对应于第一行的制度类别。第二列显示，有助于信任、互惠、声誉的制度适合所有选项。这种制

度通过承诺、集体行动、信息和议价来促进交易。第三列显示，产权（无论是私有产权还是集体产权）有助于集体行动，早期猎人的案例研究说明了这一点。产权能形成市场，还有助于信息交流。第四列表明，集体决策机制有助于解决集体行动和分散信息问题。例如，在一定程度上，投票制度有助于利用分散的信息汇聚选民意愿。最后，合同执行应该主要有助于履行承诺。例如，如果在出现分歧时能快速、低成本、公平地获得具有约束力的仲裁或审判，议价成本也可以避免。

这张表清楚地表明了以下几点。第一，它强调了信任（互惠、声誉）作为一种促进交易的跨领域社会制度的重要性。学者们一再强调其重要性，他们追踪了许多旨在最大化信任的经济协议。家族企业之间的贸易以及种族 / 宗教群体成员之间的贸易是两个很好的例子。

表 3.1　交易条件与支持它们的制度类型

交易条件	支持交易条件的制度类型			
	信任、互惠、声誉	产权（私有 / 集体）	集体决策机制（如投票制度、聚集或分散的权力）	合同执行
承诺	✓			✓
集体行动	✓	✓	✓	
信息（分散的，不对称的，缺失的）	✓（不对称的信息）	✓（分散的信息）	✓（分散的信息）	
（没有）影响 / 议价成本	✓			✓

注：表中的元素显示了我们认为的行与列的主要关系。

第二，表 3.1 提出了一个重要问题：什么是"好"制度？表中的空白表明，除了信任，制度并不能涵盖所有交易过程。考虑一下私有产权。正如我们了解到的，私有产权有助于提高猎人的休猎动机，或者公司投资知识产权的动机，但其自身并不能保证低议价成本。因此，"更多"（或更安全的）私有产权是促进增长的"好"制度的说法是不全面的。如果在狩猎区或专利授权等问题上存在高议价成本，这些权利就无法起到激励交易的作用。埃里克·波斯纳和 E. 格伦·韦尔就类似问题举了一个例子。在该例中，一条铁路线的修建需穿过 100 块相邻的私有土地。[21] 在这里，私有财产制度没有发挥作用，因为即使 99 名所有者表示同意，第 100 块土地的所有者也可能导致整个项目被搁置。他们认为，在这种情况下，私有财产制度对信息来说是很好的制度（土地交易通过价格体现价值），但对集体行动来说则是糟糕的制度。[22]

阿西莫格鲁、约翰逊和罗宾逊也指出，制度可能不支持所有交易条件。[23] 他们认为，中央集权（如议会制政府）可能是解决集体行动问题的有效途径，但权力代理人，尤其是政府，可能会面临承诺问题。我们知道，个人可以签署具有法律约束力的合同，但政府不能，因为政府有权修改法律。此外，集权和权威本身无法避免游说和影响成本，反而有可能引发这些成本。

第三，如果交易的基本范围发生了变化，那么以前适用的制度可能不再适用。以信任为例，原始经济体中的对外接触和贸易很少，但随着经济的增长，与外界进行贸易所需的信息和承诺条件变得越来越重要。本地人之间的信任已无法满足需求，因此要有新制度（如合同执行）来支持新条件。

　　交易基础条件的改变需要建立新制度，向无形经济转变就证明了这一点。本章剩余部分将对此进行解释。首先，我们来看前面提到的灯塔的例子。

昨日的旧船票登不上今日的客船：制度与技术变革

　　我们了解到，制度有助于支持某些交易条件，但不是全部，这意味着它们必须随基础条件的变化而变化。"好"制度的本质不会永恒不变，而是会随着经济的变化而改变。灯塔的历史就说明了这一点。[24]

灯塔与"合理"的制度

　　灯塔在经济学家心中有着特殊的地位。作为一个易于理解的公共物品用例，灯塔是经济学一年级学生最早学到的内容。教师用它来解释交易的概念。灯塔的故事在经济学初级课程中是被这样描述的：过去，灯塔的重要作用是提醒水手注意礁石的存在。这项服务很有价值，但不具排他性，无论是否为灯塔的运营成本做出贡献，任何人都可以使用它。[25]简言之，灯塔提供了一个典型的例子，说明交易需要解决集体行动问题。灯塔是公共物品，通常由政府提供，资金源于税收。据说，很久以前，制度匮乏，灯塔很少；后来，解决公共物品问题的好制度出现了，灯塔就多了起来。[26]

经济学初级课程中灯塔的历史，似乎证明了仅靠制度创新就能成功的说法。我们来了解一下蜥蜴灯塔。它位于英国西南部的康沃尔郡，照亮了延伸至英吉利海峡的礁石遍布的半岛。这片海岸线非常危险，被称为"海洋墓地"。1619年，当地地主约翰·基利格鲁爵士获得建造灯塔的许可，但他只能请大家自愿捐款。他没有得到一份捐款，自建的灯塔在几年后被拆除了。1751年，另一个当地地主建了一座新灯塔，一直沿用至今。由于使用的是燃煤灯炉，人们认为它无法发挥应有的作用。直到1811年和1874年，灯塔安装了新灯具，不再为私人所有。[27] 在这个故事里，私有财产制度将交易（在本例中是灯塔）推迟了两个世纪，直到建立了合理的制度——公有制。

总的来说，故事对不合理制度的解释是正确的，这些细节有助于我们理解问题的症结所在。如果要进行交易，灯塔服务必须做到两点。第一，提供照明，向水手传递信息。这是灯塔的长期特征，像其他优质信息一样，照明必须是可靠的、可识别的和可信的。第二，灯塔如果无法避免向过路船只提供免费服务，就会带来潜在的集体行动问题。然而，交易范围中的排他性并不像经济学初级课程所说的，是市场的"自然"属性。事实上，这取决于灯塔的具体位置及其使用的技术。谈到技术，大卫·范赞特指出，如果前现代船只具备无线电和移动支付系统，那就有可能建立一种制度，让过往船只向灯塔发送无线电，在支付费用后，灯塔看守人可以点亮灯塔。[28]

让古代水手使用手机似乎有些牵强，但灯塔的发展历程表明，技术变革改变了灯塔的运作方式，影响了维护灯塔所需的制度。尽管信息特征长期不变，但集体行动特征（随着技术变革）变得更加重要。

1566 年，海事慈善机构领港公会的灯塔获得了早期专利。也就是说，作为向政府支付许可费的回报，它可以建造一座灯塔并收取服务费。尽管领港公会拥有国家授予的垄断权，但私有灯塔仍然存在，因为历任国王都不支持灯塔的专有权。[29] 19 世纪30 年代，公共灯塔和私有灯塔一直共存。如果排他性是个问题，那么私有灯塔是如何生存的呢？比如，1699 年在远海由私人建造的埃迪斯通灯塔。为什么灯塔会被纳入公有系统？为什么法国和美国的灯塔被完全纳入了公有系统？

原因在于，技术变革使排他性以及相应的制度发生了变化。技术变革指的是，适用性照明技术的发明。19 世纪早期，灯塔用蜡烛或油灯照明，灯塔反射光被镜子吸收了一半，射程为5 ～ 8 英里①。技术突破发生在 1819 年，法国人奥古斯丁·菲涅耳发明了一组棱镜，可以将光线集中成一束光柱。菲涅耳的仪器不仅将射程增加到 30 英里，还可以旋转，以不同的速度发出闪光信号，其长度取决于距海岸的距离。菲涅耳还通过给每个灯塔赋予不同的标志来帮助导航。从 1825 年开始，法国人在公共建设工程部的资助下，利用这项新技术打造了由 51 座灯塔（最初

———————————————

① 1 英里 ≈1.609 千米。——编者注

是 13 座）组成的网络。该项目于 1854 年完成。

英国的情况截然不同。1836 年，英国共有 56 座灯塔，其中私有灯塔 14 座，但它们都不具备新的屈光技术。尽管英国在 1821 年派代表前往法国，并在 1822 年观看了这项技术演示。到 1854 年，法国每 12.3 英里海岸就有一座新技术灯塔，而英国要每 14 英里海岸才有一座灯塔，其中还有一半使用的是过时的反光镜。到 1851 年，美国通过税收资助的建筑项目，建成的灯塔数量是英国的两倍，几乎全部使用菲涅耳透镜。

此处的关键点是，技术变化改变了交易基本层面的重要性，包括公有制和私有制在内的制度必须适应这种变化。灯塔必须将港湾灯（排他性不是问题）和近岸灯 / 海岸灯（排他性是一个大问题）区分开。在菲涅耳透镜问世之前，照明技术非常落后，海岸灯的唯一作用实际上等同于港湾灯。灯塔可以收取服务费，因为经过的船只目的地都是港口，所以灯塔费来自港口费。当地的先驱们推动了灯塔的建设，为船只提供导航。因此，私有灯塔可以从当地收费中获得资金。例如，虽然埃迪斯通灯塔建在远海，但几乎所有经过它的船只都在前往普利茅斯港口的途中。服务于一般近海导航的灯塔，如蜥蜴灯塔，面临着更严重的排他性问题。因此，无法依靠当地收费来维持运行。[30]

菲涅耳透镜问世后，海岸灯的功效增强了。只有当新技术出现时，排他性才会成为交易的一个维度，从而需要新制度。当时，海岸灯塔确实是由政府从普通税中拨款的。[31] 适合旧技术系统的制度——地方资助——不适合新技术系统，新技术系统需要

重启未来

采取集体行动来建立国家资助。为了运用新技术，必须改变原有的制度安排。变革缓慢的英国对灯塔的投资减少了。

制度的属性

灯塔的例子强调了制度的四个有趣属性，它们对本书余下部分的论证很重要。制度是针对特定经济环境而言的，就像维护灯塔的理想制度随着灯塔技术的发展而改变一样。它们受制于惯性，即使环境已经发生变化，也会继续存在，比如英国的灯塔制度。本质上，制度是不可预测的，究竟哪套规则和规范最为有效，并非一目了然，在面对新技术或新业态时尤为如此。制度也受制于政治：既得利益集团在维护次优制度方面往往拥有优势。

特异性

经济学家研究的制度非常宽泛。对现代经济增长起源的研究通常集中在宏观制度上，如"有限政府"[32]、"创新型文化"[33]或"改善思维模式"[34]。这些制度在不同的文化中长期发挥着重要作用。例如，产权制度的强度和可执行性与中世纪欧洲的水磨投资、19世纪美国西部的土地投资，以及目前拉丁美洲的房产投资都有关联。[35]研究表明，总体而言，产权及其执行能力促进了投资。中世纪的贵族不太可能将磨坊修建在有可能被征用的地区；倒钩铁丝网的发明让西方牧场主能以低成本在其土地上建造围栏，于是他们加大了对土地的投资；如果国家的法律制度让人很难合法拥有或证明所有权，今天人们投资房产的可能性就会很小。

但制度是分形的。宏观制度通常由更小、更具体的制度组成，而这些制度又包含更小的制度，以此类推。我们获得的细节越多，看到的性质种类就越多，权宜性制度之间的相互作用及其在更大背景下的联系就越多。1994 年，理查德·纳尔逊有力地指出：新技术通常有其自身的制度要求。[36] 例如，无线电的有效利用取决于频谱和内容的管理制度；汽车的兴起取决于各种管理制度，从道路安全到燃料供应，再到土地使用等；电力商业化基于各种制度，从电工培训、知识交流，到电力生产和传输的技术标准。科技政策探讨的重点是科技与治理匹配的概念，即某些管理方法特别适用于某些通用技术。纳尔逊的旧观念在探讨中焕发出新生机。

以错误的颗粒度审视制度可能会导致人们对经济体弊病的误诊。埃莉诺·奥斯特罗姆说："制度分析家面临的重大挑战是确定适当的分析水平，它要与所解决的特定难题相关。"[37] 这一提醒表明，我们应该对这样一种可能性持开放态度，即当经济中的生产方式发生变化时，其制度需求也要发生变化。魁北克因努人和灯塔就是例子。

惯性

制度也会表现出惯性，可能会在失效之后继续起作用，从而阻碍经济的发展。经典例子是 QWERTY 键盘布局，其设计初衷是将常用键分开，以减少机械打字机的干扰。有专家指出，使用不同的键盘布局，打字速度会更快。[38] 也就是说，如果我们不再使用 QWERTY 键盘，打字效率会更高，这项日常活动也将变得更轻松。尽管打字机已成为古董，键盘的干扰也成了遥远的回忆，但 QWERTY 布局依然在发挥作用，因为用户已习以为常，他们心中的键盘就是这个样子。技术专家称 QWERTY 布局为拟物设计：即使它所反映的技术约束或特征已不复存在，其设计特点也会存在，比如牛仔裤上的铆钉，或计算机软盘的"保存"图标。如果键盘布局这种微不足道、可以随意更改的事物都会出现停滞，那么根深蒂固、被视为文化瑰宝的规范和规则，不更是如此吗？

经济学家阿夫纳·格雷夫提出了一个理论，用以说明制度何时改变、何时停滞，同时指出制度持续存在的原因。[39] 原因包括协调困难（集体行动问题）、忽视不断变化的环境，以及墨守成规。守旧思想在英国文化中很常见。索尔斯坦·凡勃伦和科雷利·巴尼特等批评家将英国经济衰退的各种因素归于沿用过时的制度——从精英教育制度、技术培训制度，到资本市场结构与公司治理制度。谨慎的学术研究让我们质疑这些说法。大卫·艾杰顿在对战后英国历史的分析中指出，英国的制度对技术和工业的友好程度远远超出专家们随意的假设。[40] 观察到一个负面结果，就假设某个制度已经过时，从而认定它就是根源所在，这种做法是危险的。

不合理的制度并非经济增长不可逾越的障碍，英国工业革命就是一个例子。为了利用新商机，企业和发明家绕过过时的制度，重新调整其用途，比如敦促议会通过法案、给公司颁发特许执照、修建铁路、从地方名人而非金融市场中筹集资金等等。如果出现了巨大的新经济机遇，但制度却难以跟上，那么可行方法就是组合现有资源。但其成本高于好制度，我们不应该忘记，在（19世纪）工业革命的辉煌时期，英国经济的年增长率约为0.3%，低于美国和德国。美国和德国能从英国的发展中吸取教训，从一开始就建立起更好的制度。简言之，当考察经济变革期的制度时，发现残留物、模拟品和遗迹，我们不应感到惊讶。

不可预测性

当信息缺失或丢失时，交易将产生不可预测的后果。理查德·纳尔逊指出，制度是进化而非设计的产物。个别政策或规则可能会被设计出来，但规则、法律和规范一旦被整合到一个正常运作的制度中，就会表现出难以预测的涌现属性。因此，新制度的建立是一个步履蹒跚的过程，很难做到准确无误。

现代风险投资业的演变提供了一个很好的例子。正常运转的风险投资业及其相关规范和实践就是制度的例子。显然，它对硅谷乃至世界经济的发展都产生了影响。[41] 从经济学的角度看，风险投资是指为初创公司提供风险资本，这些公司有望在短期内变得非常有价值。在特定的时间和地点，如20世纪下半叶的北加利福尼亚州和马萨诸塞州，这种广义的投资策略本应是胜券在握的，因为许多必要的制度业已存在。而硅谷风投规范的建立需要时间：形成由有限合伙人出资的合作关系；进行详细的尽职调查；获得少数股权和董事会席位；期望完成几个"本垒打"；为合作方提供激励。现代风险投资基金的前身是总部位于波士顿的美国研究与发展公司（ARD），这家上市公司一直都有财务问题，而且没有掌握避免不良投资的技巧。经历了失败和十多年的实验，ARD才成功设计并运用了现代模式。好制度事前很难被预测。

如果将制度惯性和特异性的影响考虑进去，转变的难度就更大了。如果好制度难以设计，旧制度惯性很大，且取决于特定的技术，那么遗留制度的风险就会增加。

思考一下莱特兄弟的专利战，那是知识产权史上可悲的一幕。1906年，在航空时代的开端，莱特兄弟发明了控制飞机飞行的方法，并获得了专利。这项专利的适用范围极其宽泛，不仅包括莱特兄弟的翘曲机翼技术，还包括任何形式的飞行控制技术。[42] 该专利允许莱特航空公司起诉任何使用副翼的竞争对手，有权要求对方支付高昂的许可费，这阻碍了对新兴航空业的投资，尤其是在美国。（事实证明，翘曲机翼是一项非常落后的技术，被现在使用的副翼取代。[43]）在第一次世界大战中，美国政府无法采购任何可用的美国造飞机，问题变得尖锐起来。美国政府的干预迫使莱特航空公司及其竞争对手成立了飞机制造商协会，允许低成本使用彼此的专利。

该事件背后更大的制度背景是美国的知识产权法。但专利局授予莱特兄弟特别宽泛的专利，实际上是在航空业创造了一套不同的制度（某种制度小气候），产生了非常恶劣的经济影响。1906 年，航空业是一个令人振奋的利基市场，没有明确的主导技术；即使能计算出宽泛的专利授予造成的长期影响，也无法确定专利审查员是否意识到其重要性。该决定产生的制度延续了十多年，需要以世界大战这种极端理由来促使政府做出干预和改变。[44]

制度是复杂的，其影响盘根错节，而且难以分析。对设计者来说，制度的影响通常并不清晰。因此，即使政府和负责新制度底层设计的部门在本已困难的任务上投入不足，遗留了一些错误或妥协方案，对未来造成了损害，我们也不应大惊小怪。

政治性

不合理的制度持续存在的原因不仅限于特异性、不可预测性和惯性，还受既得利益的影响。

政治话语中有一种常见的隐喻，即一小部分人持有公共赎金。政治学家曼瑟尔·奥尔森提供了一个框架来解释这种现象发生的原因和时机。[45] 改变制度或保留过时的制度需要政治行动，采取行动会带来经济和社会成本。成本之一是协调行动，比如组织罢工，或者建立垄断联盟并保守秘密。如果某项制度对少数人有益，但对多数人施加的成本较小，那么这个小群体就会发现其协调成本较低，而个体成员的收益较高。因此，我们预计，即使大群体的总体利益更大，小集团和阴谋组织也会比分散的大群体更擅长合谋和联合。沉默的大多数有其沉默的原因。

奥尔森还指出，纵观历史，在利害攸关的问题未被充分认识的情况下，小群体有着特殊的优势，比如所得税税率和所得税豁免问题。所得税税率通常是累进的，在富人的收入中占较大比例，但所得税豁免对富人群体更为慷慨。奥尔森认为，富有的少数群体想通过游说降低高薪所得税，该问题如此突出，以致大众可能会理解这种强取豪夺，因而很难搞定。但是富人可以对减税或制度漏洞发起巧妙的游说，即使减少富人税款与增加其他人负担的净效应是相同的。

此外，既得利益者可能会继续支持现有制度。经济历史学家巴斯·范巴维尔在《看不见的手》（*The Invisible Hand*）中对此进行了详述。他认为："经济掌权者巩固了自己在经济以及随之而来的政治上的统治地位，获得了正式的法律权力，他们利用这些权力来维持于己有利的市场制度，或者发展有助于巩固其市场主导地位的新制度。"[46] 范巴维尔提供了许多生动的经济案例，这些案例研究的经济体越来越富有，但未能在更高的经济水平上发展出有效运作所需的制度，结果停滞不前或走向衰落。其中包括阿拔斯王朝时期的伊拉克、中世纪晚期的意大利北部，以及 17 世纪黄金时代之后的荷兰。范巴维尔认为，在这些案例中，对制度设计者的激励阻碍了生产性投资或经济的进一步增长。

制度落后是 18 世纪、19 世纪中国衰落的关键因素。很多人都想不到，中国在公元 1000 年是世界上最富有的国家。到 1300 年，尽管作为一个整体，中国可能落后于其他国家，但在 18 世纪之前，相较于欧洲发达国家，中国发达地区的富有程度有过之而无不及。学者们将当时中国经济的成功归于亚洲更为集权和专制的制度，但这些制度是过于强大（且适当）还是过于脆弱（如无法通过强制执行产权来防止盗版，从而提供公共物品）仍存在争议。[47]

这里的教训是，由于既得利益集团的操控，改变过时的制度是一项艰巨的政治工作。而当问题不明显时，这项任务尤为艰巨。

经济在经历技术变革时，制度的四个特征——特异性、惯性、不可预测性和政治性——在某些情况下可能会结合起来引发问题。制度的特异性意味着，在过去的技术领域促进公平和持续增长的制度可能无法在今天发挥作用。制度的惯性是指，过时的制度已不适用，但会继续存在。不可预测性是指，人们为了应对新技术而设计新制度，这种善意的尝试可能会失败，尤其在新技术出现的早期阶段。制度的政治性是指，既得利益小集团有着强大的实力去维护危害社会的制度。

无形经济的制度要求

对制度四大特征的讨论让我们回到了第 1 章的概述——向无形资产密集型经济的转变。我们了解到，从狩猎采集者到灯塔建设者，制度需要随着经济环境的变化而变化。照明技术的变革使灯塔的潜在需求从信息问题转变为集体行动问题，这需要新制度。同样，无形资产特殊的经济属性——溢出效应、协同效应、沉没成本和扩展性——以及越来越依赖于无形资产的经济，改变了交易的基本条件，产生了新制度的要求。

由于无形资产具有溢出效应，解决集体行动问题变得更加重要。溢出效应给产权相关的制度带来了新需求。如果休猎的结果是海狸转移到邻近的猎场，猎人就不会充分投资畜牧业。同理，如果利益外溢，可以预测的是，追求利润最大化的企业会减少对无形资产的投资。

制度的重要作用是减少这种影响。其途径包括知识产权（如专利或版权），它对溢出效应产生人为的法律限制，这是一种私有产权。还包括直接的公共补贴，比如政府为商业研究提供资金或税收抵免，这是一种公共产权。其他机制则更为复杂。例如，学术研究不仅依赖于公共补贴，还依赖于一系列复杂的规范、规则和非金钱激励——从同行评审、论文引用到 H 指数和诺贝尔奖。通常，无形资产溢出效应的管理制度来自民间团体而非政府，比如地方商会、行业团体制定的标准或实习培训制度。因此，无形经济越发达，对制度的要求就越高。例如，产权制度的目标是在溢出效应的影响下保持活力。

无形资产之间的协同效应又如何呢？为了实现协同效应，需要将无形资产结合起来。[48]但是与之结合的具体对象是什么？协同效应对经济信息提出了要求。一般来说，无形资产的匹配或组合需要平台，还需要某种途径将可能合作的无形资产吸引到该平台。企业科学实验室就是一个平台，收购行为就是将其他无形资产带入该平台的途径。其他平台包括激励人们会面并交流想法的城市、场所和机构，以及搜索引擎和娱乐供应商。

平台的出现有助于增强协同效应和溢出效应，增强城市经济的重要性，这意味着无形资产丰富型经济更依赖于城市建设和城市管理制度，尤其是土地使用和规划制度。还需要注意的是，如果无形资产的组合很重要，那就意味着影响和议价成本也很重要。这些成本体现在专利诉讼和专利丛林上。但更积极的一面是，有关专利池和开源软件的社会规范和信任有助于成本管理，也有助于解决集体行动问题。

无形资产投资是沉没成本，这对承诺和商业金融制度提出了更多的要求。企业的大多数外部融资都是以债务形式进行的，尤其对小企业而言，它涉及对资产的认定和对重要制度的坚守。世界正在改变，以无形资产为主的公司越来越多，这就需要商业金融方面的制度创新。在某种程度上，沉没成本是产权不充分的结果。例如，如果有专利贸易，知识投资就可以收回。

最后，无形资产投资的扩展性使经济趋于赢家通吃的结构，从而增强了游说动机，促使企业在影响力活动上投入精力，以建立起有利于赢家的监管制度。

表 3.2 的最后一列以表 3.1 为基础，列出了无形资产每项属性所需的不同交易条件，强调了不同的制度类型。表 3.2 显示，交易的某些方面（但不是全部）在无形经济中很重要。例如，如果产生溢出效应，集体行动问题就在所难免。但是，如果合并知

识产权的议价成本太高，创造更多私有产权来促进集体行动可能不会引发知识产权投资。不完善的集体决策机制，比如限制城市发展、降低协同效应和溢出效应的无效规划制度，会给无形经济带来高昂的成本。如果投资种类不足，对无形资产投资的公共资助可能会强化溢出效应，但不利于协同效应的产生。

表 3.2　交易与制度类型

交易条件	支持交易条件的制度类型				需要交易条件的无形资产的性质
	信任、互惠、声誉	产权（私有/集体）	集体决策机制（如投票制度、集中或分散的权力）	合同执行	
承诺	✓			✓	沉没成本
集体行动	✓	✓	✓		溢出效应
信息（分散的/不对称的/缺失的）	✓（不对称的信息）	✓（分散的信息）	✓（分散的信息）		协同效应
（没有）影响/议价成本	✓			✓	扩展性

经济为何减速？

在支持无形资产投资方面，目前的经济制度不尽如人意。下一章，我们将对此现象进行研究。但首先要解决一个普遍问题。如果现有制度对无形资产不友好，那么无形资产为何几十年来还能一直稳步增长，历年 GDP 占比在停滞之前达到 12% 至 15%？

有两个合理的解释。第一个解释，现有制度可能运作良好，足以支持经济中某些子行业的无形资产投资，但无法支持更广泛的转型。例如，考虑一下股权融资的重要性，我们将在第 5 章进行更详细的讨论。根本问题是，世界上大多数金融制度都是为提供债务融资设立的，由于无形资产是沉没成本，债务融资不太适合无形资产丰富型企业。事实上，一些规模虽小但重要的股权融资机构以风险资本部门的形式出现，为少数无形资产异常重要的部门提供融资，其中大部分是软件和生物技术。但对大多数企业来说，金融制度仍偏重于债务。

第二种解释是，在某些情况下，无形资产存量的不断增长使现有制度阻碍了无形资产的投资效率。知识产权规则就是一个例子，我们将在第 4 章讨论。知识产权规则有助于减少无形资产的溢出，但随着无形资产重要性的增强，专利丛林的成本增加，专利持有者有更大的动力游说政府以寻租的方式改变规则。

小结

制度是人为设计的互动规则，有助于交易的特定层面，如承诺、集体行动和信息。但随着时间的推移，这些层面的重要性会发生变化，制度也必须随之改变。随着无形资产的增加，交易的各个组成部分以及促进交易的制度都必须发生变化。无形经济需要制度来降低议价成本，解决由溢出效应、协同效应导致的集体行动和信息问题，以及由沉没成本导致的承诺问题。

重启未来

在本书的余下部分，我们将进一步探讨这些问题及可能的解决方案。城市是公共所有权、私人所有权和集体决策的枢纽，地理位置的接近有助于产生溢出效应和协同效应，但存在大量集体行动问题。科学政策同样面对大量集体行为问题。解决该问题需要信息，还需要抵制影响力活动。竞争和货币政策要解决的是稳健货币和竞争性市场的集体行动问题，所有人都能从中受益，但没有哪个问题值得个人消耗资源去解决。

第二部分

修复已发生变化的

经济

第4章

"科学和实用技术的进步"
改革公共投资和知识产权

政府每年花费数十亿美元缓解无形资产溢出、资助研究和教育或保护知识产权。尽管对制度的要求逐年增长，但制度通常是不系统或不健全的。解决这些问题需要调和两个悖论，克服重大的政治障碍。

无形资产会产生溢出效应，政府的大部分责任在于解决这个特定问题。如果你曾就读于公立学校或大学，购买过一本书、一款电子游戏或一首歌，使用过公共资助的研发所创造的任何一项技术（从手机到类固醇），你就是在以溢出监管者的身份与政府打交道。

主流观点认为，政府在解决溢出效应方面发挥着作用。理论上，这一观点得到经济学家半个多世纪的认可[1]，政策制定者认可它的时间更久。例如，在 20 世纪上半叶的发达国家中，公共资助的大型研究项目和国家公共教育体系已司空见惯，知识产权法的历史甚至更长。

政府以及大学等非政府机构提供资金或补贴，资助有益于企业和公民的教育、培训、研发、艺术和创意内容。它们还为自身利益投资无形资产，其中一些无形资产产生了广泛而巨大的溢出效应。（举两个例子，一是 19 世纪美国兵工厂开发了基于可互换零件的制造系统，二是开发了用于弹道导弹的半导体。）政府还管理包括专利、版权和商标在内的知识产权制度。

政府与溢出效应

如果溢出效应以一种简单的方式发挥作用，我们就有两种方法来增加无形资产投资、提高生产率并促进增长。具体而言，是强化和厘清专利和版权等产权。还要加大对研发、教育和其他无形资产的公共投资。遗憾的是，要做到这些并不容易。两大悖论使得增加无形资产投资和强化知识产权变得更有难度，甚至造成适得其反的结果。此外，制定解决问题的政策还存在重大的制度障碍。

悖论一：苹果手机和滑轮行李箱——数量与质量之争

如果关注与技术政策相关的辩论，你会熟悉苹果手机和滑轮行李箱的故事。故事的发展既说明了创新的过程，也暗示了国家

　　　　　　　　　　　　　　　　　　　　　　　　　　重启未来

的作用。

苹果手机的故事来自玛丽安娜·马祖卡托的畅销书《创新型政府》[2]：人们认为苹果手机是私企的成功，事实并非如此。苹果手机的所有组成要素，从触摸屏显示器到芯片组的架构，再到用于编码网页和可下载音乐文件的协议，都来自大量的政府投资。"没有国家资助，就没有苹果手机。"这句话生动地表达了一个观点：无形资产投资具有溢出效应，如果没有公共资助，私企就会陷入资金不足的困境。英国前大学与科学事务大臣、保守派政治家大卫·威利茨称，这种解释让很多右翼人士转变了观念，认识到创新不应局限于私企。[3]

滑轮行李箱是另一类故事。飞行员罗伯特·普拉斯想在他的行李箱上安装一对轮子，他的做法彻底改变了行李箱的设计。如今，这一实用发明已走入千家万户。其重点是，发明来自两种已有产品的简单组合。科学作家马特·里德利说，"滑轮行李箱本可以被更早地发明出来"。[4]该案例的使用者想提醒人们注意创新的另一面：特定的想法组合很重要。有时，故事引用者会借此呼吁更前沿、更多样化的想法，有时则借此呼吁更强的创业精神或更广阔的市场。

我们还可以用滑轮行李箱讲述无形资产协同效应的故事。普拉斯通过恰当组合两种现有技术，创造了一种有价值的新技术。如果所有的创新都像滑轮行李箱一样，那么真正重要的不是研发的总投资，而是我们可以利用它们做出的特定组合。经济学家就这种创新观念进行过一场争论。20 世纪 50 年代和 60 年代，大西洋两岸的新古典主义和凯恩斯主义经济学家展开了一场关于资本性质的大辩论，奥地利学派的非正统经济学家路德维希·拉赫曼提出了自己的资本运作理论。[5] 他认为，资产基本上是异质性的，通过累加资本确定存量的做法大错特错。相反，企业和企业家如何组合资本才是重点，而关键的经济问题是组合知识的匮乏（"对未知的无知"）。这是路德维希·冯·米塞斯、弗里德里希·哈耶克、拉赫曼和伊斯雷尔·柯兹纳等奥地利学派经济学家研究的主题。奥地利学派的追随者认为，政策制定不应过多关注投资最大化，而应多鼓励企业家识别有价值、新颖的资本组合。[6]

对今天的经济学家来说，资本的异质性和对资本组合知识的匮乏仍然是个问题。我们的 GDP 和生产率测量体系基于这一理念，即资本可以根据其成本或市场价值进行测量和累加。对异质的资本来说，这种做法很不现实。我们如何将 iPad（苹果平板电脑）与波音飞机相加？此外，相较于有形资产，无形资产的异质性更强。从汽车到机床，许多有形资产都是批量生产的，可以在二手市场上买卖。对于无形资产，尤其是与创新有关的无形资产来说，情况就不一样了。当以正确的方式结合在一起时，它们展现出的巨大的协同效应意味着，无形资产丰富型经济体的表现更接近拉赫曼及其拥趸所描述的经济体，而不同于以有形资产为主的经济体。因此，如今真正重要的是获得正确的无形资产，并以正确的方式将它们结合起来。

我们可以从"数量"和"质量"两方面来设定目标。通过公共资助解决溢出效应问题，处理的是无形资产投资不足的数量问题。但如果无形资产是异质的，正确的投资组合就非常重要，我们面对的就是质量问题。

在解决质量问题时，促进交易的制度之间可能会发生冲突。溢出效应的集体行动问题是通过将研发资金委托给中央集权机构来解决的。但是，如果一个无形资产项目需要组合或协同，那么它还需要中央集权无法提供的信息。同样，中央集权可能引发影响力活动，比如科学家想方设法让其钟爱的项目中标。此外，中央集权还可能存在承诺问题。一些批评者指出，政府一旦支持某个项目，即使项目失败也会出于政治原因继续支持它，甚至可能会阻止更好的新项目进入市场。如果政府承诺杜绝此类行为，情况就会有所改善，但真正做到却很难。

重视数量还是重视质量？

政策制定者通常会致力于实现数量与质量的双重目标。政府资助大学和政府实验室的公共研发，以增加研发的数量。政府为企业家减税，资助风险投资，以鼓励更优质的创意组合。然而，如果这两个目标发生冲突，尤其是通过补贴增加无形资产投资数量的政策最终会系统地降低其质量，问题就会出现。在这种情况下，我们可能会看到，某类无形资产的公共投资回报可能会持续下降。同时也有证据表明，不良无形资产由此滋生。

有间接证据表明，无形资产公共投资的质量和数量问题体现在两大关键领域：一是技术与科研领域，二是高等教育和培训领域。多数政府会大量补贴这两大领域，或者直接提供相关无形资产。此外，人们普遍认为，全面、无差别的资本投资对经济来说至关重要。各国政府密切跟踪国家研发支出的 GDP 占比，经常制定目标提高研发支出。政府还监测接受高等教育的年轻人的数量。更重要的是，人们曾经认为教育质量应该胜过教育数量。有证据表明，这种观念是错误的。克劳迪娅·戈尔丁和劳伦斯·凯兹撰写了一部里程碑式的著作《教育和技术的竞赛》，开篇描述了这样一段历史：19 世纪和 20 世纪初，欧洲的观察家还未认识到对未来劳动者进行读写教育的意义，美国在学龄教育上的投资就已超过欧洲，并因此获得了巨大的生产率优势。[7]

有证据表明，"数量"方法在今天可能会造成问题。越来越多的文献表明，科研生产率的增速正在放缓。我们谈论的并非研发与 GDP 增长之间复杂的因果关系，而是研发投资与科学发现之间更直接的关系。[8]除了经济增长放缓的量化证据，还有很多传闻报道，称公共资助制度阻碍了突破性研究的进展。[9]

我们在高等教育领域也发现了类似的证据。相较于没有受过大学教育的人，大学毕业生的工资溢价似乎在稳步下降，越来越多的毕业生最终从事的是不需要大学学位的工作。英国政府在 2018 年的高等教育评估中指出，有 "34% 的英格兰和北爱尔兰大学生毕业后从事的是不需要大学文凭的工作。在所有欧盟国家中，这一比例仅次于爱尔兰和捷克共和国"。[10]政治家、商界领袖和意见团体普遍认为，许多大学学位不能为学生未来的职业提供充分准备。这一观点契合了一种信念，即在提供特定专业技能方面，英美等国的教育制度是不健全的，这为雇主制造了大问题。

造成这些问题的具体机制有三个：公共投资的分配规则不完善；跟随技术变化更新规则的难度大；公共资助体系表现出脆弱性，易受到特殊利益集团的控制。

公共投资分配规则的漏洞

第一种机制是目标和规则的负面效应。政府是法律的产物。政府在减免研发税收、资助学术研究或大学教育时，为方便政府官员大规模运用，必须简化规则。因此，规则的目的和精确性之间难免存在差异。例如，政府的意图可能是资助最有前景、最有益于社会的科研项目，但研究的社会效益很难预测，因此在实践中政府会衡量其他因素，比如研究人员的资助申请质量、发表记录、其工作单位的指标，以及一系列类似"预期社会效益"的其他变量，但它们充其量是不完美的替代品。

20 世纪 70 年代中期，心理学家唐纳德·坎贝尔和经济学家查尔斯·古德哈特提出了以自己名字命名的定律。大意是，量化的激励制度一定会导致负面结果。[11] 也就是说，选定的措施一旦成为目标，就不再是一项好措施。坎贝尔定律和古德哈特定律似乎在公共研究资助领域发挥了作用。所谓的计量潮（metric tide）使发达国家的研究人员和研究资金受到更为复杂的绩效管理和评估流程的制约。人们普遍认为，这种现象充其量算喜忧参半。尽管它淘汰了效率极低的学术活动和领域，但它也阻碍了许多突破性工作的进展，导致大量时间浪费在项目提案和合规审查上。

跟随技术进步修改规则

除了不完善，无形资产的资助规则有时还是完全错误的，因为它基于过时的投资模式，或者忽略了重要的投资类型。我们来思考两个例子：软件工具和数据在研究中日益增强的重要性，以及所谓的重现危机。

人们普遍认为，近几十年来计算能力的突飞猛进提高了数据密集型研究的回报。[12] 许多研究涉及新数据集的创建和分析，以及为此开发的新工具。例如，医学研究人员可以匿名登录OpenSAFELY 数据平台，使用英国国民医疗服务系统中患者的健康数据，这为基于大数据集的新冠肺炎病毒紧急研究提供了可能。[13] 该项目的领导者之一本·戈尔达莱撰文指出，说服传统研究资助机构资助此类数据集和工具的开发，以及让它们将这些成果与传统学术出版一起视为合法研究成果，是一件很困难的事。研究投资机构正在转变态度，但因受到官僚作风的制约，这一过程进展缓慢。

人们普遍认为，科学界还存在重现危机问题[14]，那些本以为可靠的研究结果最终被证明是不确定的：当试图重现得出研究结果的实验时，研究人员却无法获得相同的结果。这表明最初的发现往好了说是巧合，往坏了说是欺诈。例如，被称为"启动"的心理学现象——向受试者展示一套与老年人有关的单词或图像，会让他们潜意识里以"老年人"的方式行事。这种现象被证明是子虚乌有的，至少比心理学家想象的要弱得多。重现危机引发了系统性探索，检验那些久负盛名的发现是否真的可以重现。[15] 重现实验通常由约翰·阿诺德这类慈善家资助。它可能是一项很有价值的事业，极大地巩固了人类的知识基础。但是，传统的研究资助机构不愿为其提供资助，学术机构也没有将重现视为研究人员的高级工作。

有评论家[16]认为，科学资助机构应将更多的资金投到构建新数据集、工具以及重现上。但它们故步自封，通常缺乏动力进行研究方式的技术变革，转变也就更难实现了。

受制于特殊利益

制度牵制和利益冲突也在起作用。相较于政府资助机构，一些学术研究人员可能对其工作产生的有用的溢出效应不感兴趣。学费作为教育学生的回报，通常是大学高度关注的指标，至于学生是否真正学到对未来生活有用的知识，大学很少去关注。有时，政府试图用更多的规则和指标去解决问题，这可能会发挥一些作用，但随后我们又陷入了坎贝尔定律和古德哈特定律。

悖论二：黑莓手机与《模糊界线》——知识产权的两难困境

政府试图缓解无形资产溢出的另一种方式是通过知识产权，特别是专利和版权。此举又是一个两难困境。

知识产权背后的基本理念很简单。如果竞争对手能够快速、免费地复制创意，企业就会缺乏创新的经济动力。政府解决该问题的方法是，允许发明者暂时垄断其创造的无形资产，禁止其他人利用溢出效应。

大量文献记载了专利和版权引发的问题。以黑莓手机为例，它是苹果手机问世前最受欢迎的智能手机。2000 年，黑莓的制造商 RIM 和其他手机制造商被 NTP 起诉。NTP 是一家小公司，主要活动是以其拥有的无线专利起诉手机公司侵权。NTP 的案子疑点重重，但经过 6 年代价高昂的诉讼，最终以 RIM 支付 6.125 亿美元收场。这是典型的专利敲诈案例，即利用专利向创新者勒索钱财，对投资创新的动机几乎没有积极影响。研究人员詹姆斯·贝森和迈克尔·莫伊雷尔[17] 估计，20 世纪 90 年代末，专利诉讼费占总研发成本的 14%，这是一种巨大的浪费。毫无疑问，专利战已成为智能手机行业不可或缺的一部分。经济学家米凯莱·博尔德林和戴维·莱文描述了微软和苹果如何利用大量专利阻止谷歌进入智能手机市场。他们说，谷歌在 2011 年斥资 125 亿美元收购摩托罗拉移动公司，目的是获得其专利组合以对抗苹果和微软，而不是直接使用专利创新。[18]

我们换个思考角度。2013 年，罗宾·西克和法瑞尔·威廉姆斯推出了流行歌曲《模糊界线》。这首歌的歌词和视频因歧视女性而备受争议，争议点还包括知识产权。歌曲发行两年后，加利福尼亚州陪审团裁定西克和威廉姆斯抄袭了马文·盖伊 1977 年的歌曲《必须放弃》，对其判以 740 万美元的侵权赔偿金。这起案件的特殊之处在于，《模糊界线》在某种程度上无疑是对盖伊歌曲的模仿或致敬，但创作方式让威廉姆斯确信它不会被判为剽窃。(西克称其沉迷于维柯丁和酒精,几乎不记得写过这首歌。)陪审团有效地改变了音乐家对音乐版权法的理解,使版权法更加严格和不确定。用多产作曲家贾斯汀·特兰特的话说,"(最近备受关注的剽窃案)肯定会让人们顾虑重重。比如,'哦,糟糕,它听起来是不是有点儿像那首歌?'……这太疯狂了。我得知,有些唱片公司为即将发行的每首歌聘请了音乐学家。"[19]

这些故事凸显了知识产权的几个主要问题。首先,它鼓励公司将时间和金钱花在零和的法律欺诈上(比如专利敲诈、聘请擅长辩论的音乐学家),而不是花在双赢的创新上。其次,陷入了法律学者迈克尔·赫勒[20]所说的僵局——通过制造令人不快的意外(比如以侵犯盖伊的知识产权为由向《模糊界线》提出索赔),或者制造一堆难以转让的许可,陈旧的思想变成了阻碍,导致创新只能依赖不同思想的组合。在这种形势下,录制混搭歌曲的现代"公敌"或许会一败涂地。

知识产权的反对者还认为,专利的好处被夸大了。博尔德林和莱文说,如果没有专利,那么先行者优势可以为创新投资公司提供足够的回报。他们打了个比方,苹果公司的竞争对手耗时一年才开发出一款类似苹果手机的产品,在此期间,苹果对新一代智能手机市场享有独家控制权。他们指出,专利的初衷之一是将创新性"专利"公之于众,以便他人从中学习,但这种动机如今已不复存在。大多数专利的申请目的是对其基本技术的运作方式保密。

完全取消知识产权的极端做法是未经证实的。佐里娜·卡恩等经济学家认为，专利为美国经济的发展做出了重要贡献，并就专利制度的历史撰写过大量文章。[21] 布朗温·霍尔、克里斯琴·赫尔默、马克·罗杰斯和瓦尼亚·塞纳在文献综述中指出，公司使用专利、其他知识产权、商业保密和其他权利的复杂组合来保护其创新，而想要废除专利权的人可能犯了"切斯特顿栅栏"谬误，即他们放弃了一些他们不完全理解的东西。[22] 显然，如果没有知识产权，某些复制成本很低的活动（如药物发明或出版）将发生彻底改变，可能会变得更糟。经济学家亚历克斯·塔巴洛克在塔巴洛克曲线（图 4.1）中总结了专利的权衡。y 轴表示创新，x 轴表示专利制度的强度。曲线呈倒 U 形：没有专利，创新相对较少；专利制度过于严格，创新甚至更少。但在两点之间曲线上升：在没有知识产权和严格的知识产权之间有一处美妙的折中地带。

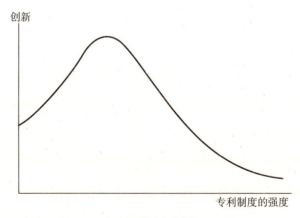

图 4.1　塔巴洛克曲线
资料来源：塔巴洛克，2013。

重启未来

我们之前探讨过公共资助的无形资产投资所面临的困境，塔巴洛克曲线与其有相似之处。曲线的基本形状取决于无形资产溢出效应和协同效应之间的权衡。如果溢出效应巨大，那么强大的知识产权制度是有益的。出版业就是一个很好的例子。如果没有版权法，在《权力的游戏》或《哈利·波特》发行的第二天复制并免版税出售会变得易如反掌。（文件共享已导致大量副本免费传播。）畅销书的写作收益会减少。但如果无形资产的主导效应是协同效应，那么过于严苛的知识产权规则会成为一大障碍。这个世界更像博尔德林和莱文对智能手机行业的描述，或者里德利对滑轮行李箱的描述，任何新产品都要利用大量历史创新。如今，潜在创新者要么被迫向其他相关创新者支付巨额侵权赔偿金，要么根本不会耗时费力去创新。

我们可以将讨论扩展到培训和教育，以及与创新有关的无形资产上。培训的知识产权保护规则将员工与提供培训资助的公司联系起来。规则的形式可以是竞业禁止协议、雇主贷款减免或禁止未经培训的工人上岗（如职业许可证）。大量文献描述了这些制度的负面影响。例如，经济学家莫里斯·克莱纳指出，美国各州加强了对牙医和抵押贷款经纪人职业许可的限制，其成本更高了，但质量并未提高。[23]

更重要的是，知识产权规则与提供公共无形资产投资的制度一样，存在三大风险。当创新者专注于玩转知识产权规则而非创新时，古德哈特定律就出现了。早期嘻哈艺术家面临的来自音乐版权所有者的挑战就是一个例子，说明当技术发生变化时（此处不是指音乐取样的物理技术，而是指音乐风格的"审美技术"），之前基本适用的知识产权制度会失效。当然，知识产权领域充斥着游说和特殊利益，这是公认的事实。（作者在做创新政策顾问时，总是乐于接触为知识产权持有人服务的说客。他们的亲和力和技巧都是一流的，服务费大概也是最贵的。）

知识产权与中央集权

　　总体而言，围绕无形资产的公共资助和知识产权的讨论基于两种现象：无形资产的溢出效应（以及政府如何缓解其对无形资产投资的抑制作用）和协同效应（以及政府如何创造条件，促进更多的协同效应）。如果你认为无形资产是同质的，溢出效应非常强，你会支持更严格的知识产权制度，支持加大对无形资产的公共资助。这是无形资产资助的数量理论。如果你认为无形资产的异质性很强，正确组合的益处很大，你会支持更温和的知识产权制度，鼓励创业实验制度，即便此举会降低无形资产的总投资量。这是质量理论。

设计更好的制度

　　权衡补偿溢出效应和促进协同效应的想法，有助于理解知识产权和无形资产资助制度改革的政策建议。例如，《大繁荣》（作者埃德蒙·费尔普斯）和《创新的起源》（作者马特·里德利）

的议题基于这一思想：协同效应问题很重要，溢出效应问题相对次要。[24] 因此，我们应减少知识产权保护和公共部门研发（二者都会导致扭曲），促进创业（让我们有更多机会发现真正有价值的协同效应）。玛丽安娜·马祖卡托的《创新型政府》的核心论点是，政府资助研发和其他创新投资基于这样一种观点：溢出效应最为重要。[25] 因此，我们需要大量的创新投资，才有机会取得有价值的重大突破。

《创新型政府》的另一个重要理念是"以使命为导向"的投资，即政府将公共研发重点放在绿色技术或医疗保健等特定领域。[26] 此类投资旨在解决公共资助的质量问题。作者认为，合理的政府规划可以将公共资助的研究集中在最有价值的领域。里德利等质量理论学家会对这一观点提出异议。他们指出，解决质量问题不仅在于选择对社会有益的目标，还在于鼓励大量的创业实验，因为寻找无形资产投资的成功组合很复杂，仅凭一个大组织是无法做到的。

在关于高等教育资助的讨论中，我们看到了类似的对立观点。长期以来，英国政府和许多发达国家的政策基础是：总体而言，大学毕业生增多是好事，大学教育所代表的无形资产投资值得资助。资助的部分原因是解决溢出效应，另一部分原因是年轻人资金有限。50 年来，世界各地的大学扩张是无形资产数量理论的体现。当然，这种扩张饱受诟病，从彼得·蒂尔设立蒂尔奖学金的理由（该奖学金的资助目标是没上大学的聪明孩子），以及英国 2018 年对高等教育的审查中可以看到这一点。批评者认为，很多大学教育对学生、雇主或社会都没有价值。人文科学学位过于通用，大学资助制度的性质很难激励大学和学生实现真正有价值的教与学。批评者认为，我们需要的是少而精的教育，需要更多的自然科学学位、更高质量的学徒和技术培训计划（在学生所学技能与招聘企业的资产之间形成高度协同效应）。这类教育遵循的是实践中的质量理论。

困扰知识产权制度或公共资助的三大问题是：规则不完善、寻租风险以及制度难以适应技术变革。许多常见的改革方案都是针对这三个问题提出的。大量方案建议效仿美国国防部高级研究计划局（DARPA），增设可自由支配资金的机构。英国在2019年宣布了自己的改革方案。美国则在《无尽前沿法案》中提出了更宽泛的建议，该法案于2020年提交国会。[27] 这些计划赋予资助者更大的自主权选择冒险的项目。研究资助制度的刻板化和官僚化日益严重，人们指责它被学术利益禁锢，该法案是摆脱专制的措施。

同样，博尔德林和莱文提出的改进专利制度的建议，目的也是使规则更适合创新的具体情况。例如，呼吁在反垄断、贸易、研究和专利政策之间进行更多互动，调整不同行业的专利期限，以及在选择是否授予专利时考虑经济和技术证据。泰勒·考恩和本·索思伍德提出的制药专利和监管改革建议包括：确保制度反映药品发明和检验方式的发展，如计算机模型的角色变化；替代终点在审批中的作用；以及医生主导的实验在发现现有药物和传统药物新用途方面的作用。[28]

类似的建议也可用于扩展政府资助的无形资产范围。20 世纪初以来，人们普遍认同政府对教育和科研的资助，却反对资助具有溢出效应的其他无形资产。考虑一下开源软件。纳迪亚·埃格巴尔在《道路与桥梁》(*Roads and Bridges*) 中提醒人们，大多数技术项目都依赖于无偿设计和维护的自由软件。[29] 我们发现，有人想要分担这项工作的成本。例如，2019 年由开源代码库 Github 创建的"赞助商"(sponsors)，旨在说服大型企业为开源成本做出贡献。下一步的行动是利用公共研究资金支持开源软件成本。开放数据运动希望政府产生和发布更多重要问题的数据。该运动正在发展，但仍处于起步阶段。医学研究者和科学作家本·戈尔达莱认为，研究资助者在资助学术研究的同时，还应为数据工具提供更好的资助。[30] 丹·戴维斯认为，在为广播电视业提供培训方面，公共广播公司的作用被忽略了。如果仅限于提供商业频道不具备的高端内容，它的作用就会被削弱。[31]

建议

　　我们可以将这些建议整合为一个连贯的计划，它或许会得到发达国家多数经济政策制定者的认可。

　　首先，我们应谨慎削弱知识产权，在其权力扩张的领域减少专利——例如，通过终止软件专利和执行简单的业务流程，缩短特定行业的专利期限，要求真实披露底层技术的工作原理，为某些社会需要的发明（如抗生素）引入奖励或专利收购制度。[32] 当全世界都在紧锣密鼓地研发新冠肺炎疫苗时，经济学家乔舒亚·甘斯建议设置奖项来解决承诺问题——新冠肺炎疫苗成功研发的风险是，政府会将疫苗价格控制在市场价格以下。该问题最终在 2021 年引发了激烈的讨论。[33] 从政府的角度看，最佳选择是为购买重要的创新产品提前做出承诺，因为疫苗不仅可以拯救生命，还可以拯救经济的其他方面；但政府必须找到一种方法，承诺为疫苗公司的沉没成本提供回报。

但重要的是，不要将疫苗研发的经验普遍应用于政府的创新政策。如果创新的标准很容易明确说明，奖励就能起作用。例如：查尔斯·林德伯格因从纽约直飞巴黎而获得奥泰格奖；安萨里 X 大奖的获奖者因在两周内两次搭载三人飞离地球表面 100 公里获得 1 000 万美元奖金。疫苗的获奖条件比较容易确定（例如，特定的有效性），但并非所有创新都容易确定。事实上，对新冠肺炎疫苗的购买做出预先承诺不仅是一种奖赏，而且是必要的，因为疫苗的问世不仅需要配方，还需要有效的生产过程。

其次，除了基础研究和教育，应增加对其他类型无形资产的公共资助，包括投资职业培训设计（比如，由英国国家广播公司或国家艺术组织等国企直接提供的培训），加大对大型开放数据、开源软件项目以及产业发展的投资（比如，对英国弹射中心这类研发或公共研究中心施行税收抵免）。

再次，为防止计量潮和学科利益对研究资金的攫取，应给予某些研发公共资助机构更大的自由裁量权，以支持富有挑战性的项目。这取决于招募胜任该角色的优秀人才的能力。

两个政治问题

这些建议的争议性都不大，多数政府至少在口头上表示支持。左翼政府可能会更重视政府设定的挑战，比如"绿色新政"，而右翼政府可能更关注 DARPA 式的研究和创业。但亚历山德里娅·奥卡西奥·科尔特斯、约翰·麦克唐奈与彼得·蒂尔或多米尼克·卡明斯的观点的差异要小于相似之处。十年前却并非如此。制定相似的政策组合并不是最难的。大规模有效执行这些政策，需要政府直面重要的政治问题，挑战某些既得利益者。

有两个具体问题。其一，提高制度的能力与防止游说和寻租之间的紧张关系。其二，获得政治许可，向不受欢迎的精英阶层提供资源和地位。

我们来看第一个问题，显然，公共资助制度与知识产权问题之间存在紧张关系。一方面，我们希望管理制度具备较强的抵抗外部影响的能力。另一方面，我们希望它们更适应特定的技术需求和技术变革，较少受制于不完美的规则。这种紧张关系是一种挑战，因为抵制游说的典型方法需要组织用严格的规则约束自己。经济学家保罗·米尔格罗姆和约翰·罗伯茨在 1988 年发表了一篇重要论文，描述了组织如何通过制定规则约束自己的自由裁量权，以抵制影响力活动，其过程犹如奥德修斯将自己绑在桅杆上。[34] 典型的例子是央行的独立性。几十年来，各国政府为了应对短期政治压力而调整利率，尽管那会减缓中期经济的增长；制定一条简单的利率设定规则，将利率设定权交给独立的央行，可以消除诱惑，保护政府免受游说影响。事实上，我们在很多政府机构中看到了这种无形资产投资对策。英国政府宣布遵守霍尔丹原则，即将研究资金的选择权交给学科专家而非政治家。英国知识产权局是独立机构，相较于典型的政府部门，它拥有更多的技术专家，放权的程度也更大。

但该方法存在严重的缺陷。基于规则的权力下放机构容易陷入古德哈特定律的陷阱，该定律鼓励玩转游戏，而不是进行高质量的无形资产投资。政府一旦放权就很难干预。如果技术的发展需要改变规则，变更授权的难度就会更大。政治独立可能是一种脆弱的策略。规则如果无懈可击，那么确实可以提高游说的难度。但如果规则或制度中存在回旋的余地，那么非政治性组织可能比政府更易受到外部压力的影响，因为其政治资本较少。

政府抵制游说和影响力活动的另一种方法是，将自己的政治资本投入到特定的问题和立场上。政府一旦将某件事作为优先事项并为此投入资源——资金、分析能力、决策者的精力和时间、不受欢迎的勇气、建立政治联盟的能力——通常就可以抵制大量的影响和游说。基于因果关系的经验主义告诉我们，当某件事成为政府的政治优先事项时，它可以有效驱逐富有且固执的游说团体。英国脱欧就是一个很好的例子。

所有这些都意味着，政府可以改变塔巴洛克曲线，取得解决溢出问题的政策成效，同时尽可能多地保留协同效应。这就需要在研发、教育、软件、数据和其他无形资产方面投资国家能力。在一定程度上，国家能力属于资源问题：雇用技术熟练的员工，提高分析能力，利用分析能力投资无形资产，管理有效运作的知识产权制度。国家能力也涉及政治资本投入。这些职能需要政治支持，以保护其免受游说和控制，并支持其对公共资金的要求。

这带来了第二个政治挑战：合法性。政府如果要将更多税收投入无形资产和国家能力，耗费更多的政治资本保护制度免受不良影响，就需要找到一种平衡政治收支的方法。遗憾的是，在民粹主义盛行、地位不平等的时代，捍卫这些投资并不容易。生产和管理无形资产投资的组织经营者，通常被戏称为都市精英。该群体包括在繁华城市工作的科学家、大学学者、专利律师和技术官员，他们并非大多数政党想取悦的选民群体。事实上，近年来，世界各地的政党都通过对该群体的巧妙引诱而取得他们的支持。此外，利益攸关的问题并非民众发自肺腑的诉求或生计问题。医院、国防、贫困和不公正牵动着选民的情绪，专利政策却很少得到关注。

有几种可能的解决方案。少数政府可以选择的一个办法是，以无形资产投资应对外部威胁。政治学家马克·扎卡里·泰勒指出，面临强大外部威胁（愤怒或敌对的邻国，相对较少的国内紧张局势）的国家通常拥有最强的创新能力（投资研发等无形资产的结果）。[35] 泰勒的"快速创新者"名单包括日本、以色列、韩国、新加坡和芬兰，其中大多数国家将内部凝聚力与明确的外部威胁结合起来。泰勒认为，唤起外部威胁感有助于打压创新投资的反对意见，当然，这些国家都拥有鼓励研发的强大机构。比如，以色列的创新管理局、芬兰的国家技术局（TEKES）、日本的国际贸易和工业部（MITI/METI）。但它们的成功不仅仅是政府大量投资的结果。这些国家也为大量的创业创造了条件，它们在无形资产的质量和数量上都取得了成功。鲍勃·约翰斯顿在《我们在燃烧》一书中阐述了日本科技创业的重要性。[36] 上述国家有几个在全球教育排行榜上也名列前茅。我们认为，这与良好的无形资产投资有关。很可惜，大多数国家无法采用这种方法。它们很幸运，周围没有剑拔弩张的邻国，但遗憾的是缺乏内部凝聚力，因此必须尝试其他办法。

一种可能的方法是在别处购买政治资本，以增加国家无形资产的投资能力。据报道，2019 年末，英国政府首席战略顾问、脱欧策划者之一多米尼克·卡明斯用"完成脱欧，然后创建高级研究计划局"作为其 WhatsApp 的签名。无论利弊如何，英国脱欧与英国 2019 年大选结合在一起，执政的保守党在"完成脱欧"的底层平台上展开斗争，大幅提升了政府权力（包括成为自 2005 年以来的议会最大党），让卡明斯有权创建一个模仿DARPA 的蓝天资助机构。卡明斯在博客中称，对他来说，英国脱欧的目的是打破现有体制，为国家能力建设创造空间，特别是在研究资助等领域。

另一种选择是，政治家可以编造故事，让无形资产投资引发更多的政治共鸣。政府投资公共无形资产的一个小却重要的案例是 21 世纪第二个十年初英国的开放数据运动。通过资助成立开放数据研究所，英国政府大力推动封闭数据集的免费开放。开放数据研究所是独立的公共资助机构，极大地提高了国家在开放数据领域的能力（例如，为如何实现数据开放提供指导和技术支持）。其创始人是万维网的发明者蒂姆·伯纳斯·李和计算机科学家尼格尔·沙德博尔特。如果没有政治支持，特别是英国政府高级大臣弗朗西斯·莫德的支持，这场运动的进展不会如此显著。简单实用的政治叙事发挥了一部分作用：公开数据将允许"纸上谈兵的审计员"监督政府的支出和效率。对小国保守派来说，该目标具有很强的政治合法性，尤其是在削减公共支出的时候。"纸上谈兵的审计员"的故事介于过度简化和不当兜售之间。从实用主义的角度看，它有助于赢得政治认同。没有它，许多保守派政治家会认为开放数据是难以理解的无效投资。找到情感和意识形态上正确的方法证明好政策的合理性，是政治家和政策倡导者的重要工作，对政府部门来说尤为如此。

小结

公共部门对创新的支持面临着大量权衡。创意的溢出效应会引发集体行动问题，因此需要集中协调。但如果创意也需要合并，那么集中化可能会阻碍市场协调制度下的分散组合进程。此外，集中行动可能会引发浪费性的影响力活动，而中央集权可能无法保障私人投资者降低成本的自由。经济和政治改革有助于推动这一进程，特别是有助于减少知识产权保护，增加竞争和政治资本。

第 5 章

金融架构

无形资产丰富型经济中的金融与货币政策

无形经济加大了借贷的难度和风险，降低了自然利率，从而挤压了货币政策。我们需要改革，允许养老基金和保险公司为创新型公司提供资金，让财政政策在有限的货币政策空间提供稳定经济的承诺。

查尔斯·狄更斯、约翰·梅纳德·凯恩斯和占领华尔街运动有什么共同之处？他们都认为，银行家和金融家在满足实体经济需求方面表现得很差。这一观点非常普遍，有些人甚至将其视为陈词滥调。但是，看看最近的商业投资和商业金融数据，我们会发现一些新现象。近年来，企业的投资方式逐渐发生变化，现有的企业融资形式越来越不合时宜。

这些变化引发了一系列问题，它们似乎是造成商业投资放缓的一阶效应。我们认为，二阶效应的影响更令人不安。现代商业投资的融资困难限制了机会平等，遏制了创新，刺激了潜在的不健全的金融创新，增加了银行系统的风险。最终结果是经济增长放缓，更容易引发金融危机。

我们认为，发达经济体复杂而精巧，但在个人层面上恰恰相反。处于自然状态的猎人和采集者必须聪明、机智，时刻保持警觉，但现代生活充满了规则和制度，它们允许人们不假思索、漫不经心甚至稀里糊涂地执行重要任务，而一切仍能照常运转。正如阿尔弗雷德·诺思·怀特海所说："文明的进步方式是，增加不经大脑就能执行的重要行动的数量。"[1]制度很聪明，所以你不需要智慧。

对我们的金融制度来说，的确如此。在批评者看来，高级融资界似乎聪明过了头儿。想一下金融畅销书的标题。一家糟糕的对冲基金公司鼓吹"拯救华尔街"。[2]将能源公司变成欺诈性衍生品公司的人是"房间里最精明的人"。[3]但金融制度的许多强大功能的设计初衷是让天才变得无足轻重。债务融资将复杂的商业判断转化为简单判断——债务人能偿还债务吗？公司账目为外人提供了一种审查企业财务状况的方式，该方式是简化的、标准化的、貌似诚实的。指数基金和价值投资等简单的投资策略使外行获得高于高薪基金经理的投资回报。无论好坏，"股东价值管理"这种最大化股东回报的企业管理潮流简化了复杂的公司管理工作。通货膨胀目标制为判断央行的成功提供了明确而简单的规则。遗憾的是，在为无形资产密集型企业融资时，这些有益的简化做法效果不佳。

在本章我们将探讨金融和货币政策的特征，研究它们在无形资产丰富型经济体中是如何崩溃的，研究它们制造的问题、改革的障碍，以及可行的解决方案。

债务融资：抵押品暴政

对大多数企业来说，外部融资意味着债务融资，通常是银行贷款。[4] 债务融资激增的原因有很多。大多数国家的税收制度倾向于债务而非股权，允许将债务利息支出（而非股权成本）视为一项可抵税的费用。近几十年来，企业管理者优化资本结构的意愿越来越强。股东价值运动、维权投资者的崛起，以及杠杆收购基金的增长，使管理者更难忽视债务融资的经济优势。债务融资的制度和规范比股权融资的数量更多。银行提供贷款，雇用贷款专员，使用一套工具来评估信用度；企业申请贷款。当涉及股权融资时，情况就截然不同了。最大的企业可以进入公共股权市场。少数雄心勃勃的小企业可以获得风险投资（VC）。但大多数企业并不会寻求外部股权，也不存在向它们提供股权的机构。

也许债务融资的最大优势在于简单性。作家和投资分析家丹·戴维斯[5]指出，股权投资者在决定为企业融资时需要考虑各种问题："真正的好结果出现时，它有多大价值？""本次融资可能产生哪些后续项目？""积极因素和消极因素会对相关事物产生什么影响？""我的股份卖得太便宜了吗？"对于债务融资，你需要考虑的是："债务人对投资有益吗？"债务人需要考虑的是："我能偿还债务吗？"债务融资很有用，因为它减少了贷款人和借款人的认知负荷。[6]

无形资产、债务和抵押品

债务融资为无形资产密集型企业带来了一个重要问题。它涉及债权人对债务人的资产进行抵押，如果债务人不能履行债务，债权人就可以动用其抵押品。但无形资产更有可能是沉没成本——如果借债企业破产，其资产价值就会很低或一文不值。在其他条件相同的情况下，无形资产比例较高的企业对贷款人的吸引力可能较低。

斯蒂芬·切凯蒂和克米特·肖恩霍茨强调："无形资产融资需克服'抵押品暴政'。"[7]他们还指出，美国无形资产密集型软件公司的负债约占账面价值的10%，而有形资产密集型餐饮公司的负债约占账面价值的95%。

当然，如果说无形资产密集型企业，甚至无形资产永远无法以债务融资，那就错了。大型商业贷款机构并不总是只提供抵押贷款，它们还使用与收益相关的贷款契约。[8]经济学家陈联和马悦然[9]指出，在美国非金融类上市公司中，80%的债务基于与现金流相关的契约。最常见的契约确定了债务收益比和利息收益比上限（利息覆盖率）。

但是，只有知名大公司才有权以现金流而非抵押品进行借贷。在陈联和马悦然的样本中，小公司仍然以抵押贷款为主，

61% 的贷款基于资产抵押。此外，研究还调查了上市公司，这些公司通常规模较大。对中小企业来说，情况就不同了。2015年，英格兰银行对英国各大银行向中小型企业提供贷款的情况进行了调查，这些企业的收入低于 5 亿英镑（不包括房地产）。调查发现，90% 以上的贷款以某种抵押品做担保。60% 以上的风险敞口由房地产或债券担保，包括厂房、设备和车辆。

借贷惯例给依赖无形资产、几乎没有有形资产的企业带来了问题。乔瓦尼·戴尔·阿里恰、达利达·卡迪尔扎诺娃、卡梅利亚·米诺尤和列夫·拉特诺夫斯基使用 1977 年至 2010 年的综合数据，研究了美国商业银行的贷款构成。在此期间，样本企业中无形资产与有形资产的比率从不足 40% 上升到略高于 100%。[10] 他们发现，工商业（C&I）贷款占银行贷款总额的比例大幅下降（1977 年，C&I 贷款占美国商业银行资产负债表的 22%，2010年降至 15%），而房地产贷款蓬勃发展（占银行资产负债表的比例从 35% 左右升至 75%）。数据表明，商业贷款在无形资产增长的领域降幅最大。这意味着，向无形经济的转型导致商业银行大幅转向房地产贷款。

近期的其他研究似乎也支持这一结论。一项研究表明，拥有较多无形资产的日本企业更有可能选择股权融资，而不是债务融资。[11] 美国的一项研究发现，无形资产支持的债务融资比有形资产少 25%，而且支持的债务通常是无抵押债务或可转债，而不是抵押贷款。[12] 这些数据支持这一观点，即无形资产密集型企业的金融需求与资本市场和金融机构满足这些需求的能力之间的差距越来越大。也可能是，旨在稳固金融体系的制度意外恶化了无形资产投资问题：一项针对欧元区银行单一监管机制（SSM）的研究发现，从 SSM 监管的银行借款的企业减少了无形资产投资，增加了有形资产投资和现金持有量。[13]

股权融资的制度资源并不总是有助于填补资金缺口，尤其对未上市的小公司而言更是如此。英国的经验很有启发性。英格兰银行指出[14]，英国养老基金和保险公司仅将 3% 左右的资产分配给非上市公司股权，而这正是大多数风投资金的落脚点。美国的证据表明，这可能会阻碍国内风险投资的形成。此外，风险投资虽然有风险，但回报相当可观（扣除费用后，1970 年至 2016 年风险投资的平均收益率为 18%，MSCI 世界指数的平均收益率为 11%）。[15]

基金和保险公司不愿投资的原因有很多。第一，它们不想让自己暴露在风险之中，这是可以理解的。第二，与第一个原因相关的是，监控此类投资需要专业知识和努力，而相较于其他发达国家，英国养老基金高度分散，几乎没有大型养老基金。[16]第三，有些规定限制了养老基金的费用支出，从而限制了投资无形资产密集型企业所需的额外专业知识的运用。与此相关的是，英格兰银行的亚历克斯·布雷热指出，在 1.4 万亿英镑的英国投资基金中，有 8% 的资产以"开放式"基金的形式持有。[17]也就是说，持有人可以随时通过出售资产赎回基金。这种体系不适合提供流动性较低的非上市资本（而且，无论在何种情况下它都是一种错觉，因为如果大量持有人急于赎回，基金的价值就会下降）。

《欧盟保险偿付能力监管标准（II）》等监管规则都对保险公司等机构施加了类似的限制。

经济增长放缓？

我们在第 2 章看到无形资产投资放缓的现象，债务融资问题是否有助于解释这种现象？如果抵押品暴政在金融危机之前就已存在，那么它一定恶化了危机后的形势。事实上，这种说法很合理。金融危机后，贷款减少，银行无论是出于监管还是有意为之，都变得更加谨慎。形势的变化，加上现有制度能力的局限，可能会导致无形资产贷款的大幅减少。因此，自 2007 年以来，无形资产的信贷成本增加，与筹集给定金额投资相关的摩擦也有所增加。

国际货币基金组织（IMF）的两项研究提供了一些证据。安在彬、罗曼·杜瓦尔和卡恩·塞韦尔对比了金融危机前后企业的无形资产投资。[18] 他们发现，相较于在金融危机前借贷量较小的企业，借贷量较大的企业在金融危机后减少了无形资产投资。有趣的是，他们的研究结果支持无形资产投资与有形资产投资的比例。也就是说，杠杆率较高的企业并非减少了所有投资，而是减少了无形资产投资。看来，无形资产投资在金融危机之后变得更加困难了。

股权融资：账户、价值投资和多元化

持有上市公司股份的企业通常规模很大，但数量很少，它们的表现对整个经济极为重要。计算一家复杂公司的价值，并决定是否购买其股票，是一个困难的过程。股权投资的诸多规则和规范简化了该过程。财务会计及其标准、原则，加上管理该体系的监管机构和专业人士，让投资多面手通过计算机或手机就能轻松了解各种业务信息。

股票投资者的简化策略同样令人感兴趣，其中之一是久负盛名的价值投资策略。该策略由沃伦·巴菲特的导师本杰明·格雷厄姆提出。价值投资最简单的形式就是购买"有价值"的股票（即股价低于账面价值的股票），然后出售与之相反的股票，即所谓的"魅力"股。约瑟夫·拉科尼肖克、安德烈·施莱费尔和罗伯特·维什尼的一项重要研究表明，在 1968 年至 1989 年期间，买入价值股、卖出魅力股的策略会获得每年 6.3% 的收益率。[19]金融经济学中被引用最多的论文大多持有这种理念，它还启发了诺贝尔奖得主尤金·法玛，并为无数基金投资策略提供了信息。拉科尼肖克及其同事的论文还解释了价值投资有效的原因：普通投资者不善于区分基本业务问题和短期问题，错误地认为短期厄运等于长期缺陷。通过做多价值股，投资者可以利用均值回归的力量。

在生活的许多领域，均值回归都是一股强大的力量。《泰晤士报》专栏作家丹尼尔·芬克尔斯坦在对英超足球的描述中很好地说明了这一点。[20] 有一条不变的规则,即某赛季表现出色的俱乐部在下一赛季几乎总是表现不佳:球队在某赛季的总积分每增加一分,下一赛季就会失掉 0.22 分。莱斯特城足球队在 2015—2016 赛季赢得联赛冠军,积分比 2014—2015 赛季高出了 40 分,其他英超俱乐部都望尘莫及。然而,在接下来的赛季,它失掉了 37 分。在商业世界中,均值回归是指企业的业绩随着时间的推移趋向平均业绩:今天的大多数明星都是未来的平庸者,今天的大多数狗也是如此。

但在无形资产的时代,公司账户和价值投资策略的作用要小得多。经济学家巴鲁克·列夫在这一方面的工作起了至关重要的作用。他在与谷丰合著的《会计的没落与复兴》一书中指出,财务账目反映上市公司市场价值的信息越来越少,因为其价值越来越依赖于无形资产投资。[21] 会计规则通常不允许将大多数无形资产纳入财务账目。即使纳入,由于无形资产之间协同效应的重要性,其价值往往也与成本有较大差异。

列夫与阿努普·斯利瓦斯塔瓦 2019 年的合作研究指出,自 2007 年以来,价值投资作为一种策略并未带来优质的历史回报。事实上,该策略在 20 世纪 90 年代就已表现不佳。他们提供了两种解释。首先,用于识别魅力股和价值股的账户指标不再有效,因为更多的企业拥有资产负债表中未反映出的无形资产。其次,价值投资策略的风向标——均值回归——已经放缓。过去的规则是,许多不受青睐的公司会运作良好,而市场宠儿则表现不佳。如今，这一规则变得越来越不适用，尤其是在金融危机爆发之前。一种解释是，无形资产的重要性与日俱增。用列夫和斯利瓦斯塔瓦的话说："摆脱低估值群体（即价值股）需要对无形资产和收购进行大规模投资，而且通常需要对商业模式进行彻底重组，这是大多数价值公司负担不起的……相比之下，有魅力的公司的运作基于无形资产的商业模式，能够走得更远，获得高额利润。做空这些企业是一个失败的建议。"由于无形资产的重要性与日俱增，均值回归被马太效应取代（"凡有的，还要加给他，叫他有余"）。[22]

我们预计，马太效应会对银行贷款产生影响。毕竟，银行贷款是一个高流量、低成本的过程。银行无法对申请贷款的每家小企业进行详细的尽职调查，更可能依赖粗线条的启发法，这些启发法可能比刻板的价值投资者使用的方法更简单。在高均值回归的情况下，使用启发法无伤大雅：如果最差的企业有很好的提升机会，那么，只要拥有大量的商业贷款组合，你就可以承受偶尔犯错的代价。但是，如果好企业一如既往地好，差企业一如既往地差，在这种情况下，尽职调查的成本就会更高，银行因此多了一个减少商业贷款的理由。

溢出效应与协同效应共存时代的股东价值管理

金融资本主义的另一个复杂因素是公司治理。公司治理需要一整套复杂的权衡和价值判断规则。如果这家公司是上市公司，那么其所有者（股东）与做决策的管理者不是同一群人。这种情况导致了许多问题，学者们对此类问题进行了深入研究。例如，管理者应怎样权衡不同的目标——长期利润与短期利润，企业目标与社会需求，利润与环境，股东与其他利益相关者。股东如何将管理者的动机与自己的动机结合起来？

一个新的想法在困惑中诞生了。基于价值的管理认为，管理者的经营目标应该是最大化股票价值，董事会应该独立于管理者（董事长不再兼任首席执行官），管理者的薪酬应随公司股价的涨跌而变化，如期权或实际股权。对工人权利、环境和社区的保护工作由其他部门负责，例如工会或政府。"弗里德曼主义"是以米尔顿·弗里德曼的名字命名的。他在1970年发表了一篇文章，认为"商业的本质是盈利"，而不是为利益相关者的需求服务。弗里德曼主义在20世纪80年代开始流行，如今已成为公司治理的主流立场，尤其是在美国和英国。典型的基于价值的管理是维权对冲基金，即买入股价表现不佳的公司股票，迫使管理层进行改进。

基于价值的管理是降低认知负荷的金融创新案例。它用一套更简单的规则和更明确的责任划分取代了杂乱无章、根深蒂固、基于判断的制度。这是一项利用强大力量的创新，如果管理者拥有股票或期权，那么股东就可以依靠管理者的自身利益来激励他们提高公司业绩：委托人和代理人的利益更好地融合在一起。

当然，基于价值的管理也遭到很多批评。批评集中在两个问题上。首先是溢出效应。企业的决定会对整个经济产生影响。在关闭小镇唯一的工厂、污染河流或销售有违道德的产品时，企业难道不该三思而后行吗？其次是短期主义。如果股票市场是非理性的，如果股东信息不足，追求股东价值难道不会走向愚蠢的捷径？难道不会导致重要但复杂项目的放弃？详细的研究表明，大部分担忧都被夸大了（亚历克斯·爱德蒙斯在《蛋糕经济学》中提供了很好的证据），但争论仍在继续。在以无形资产为主的经济体中，这两个问题变得更加重要。

思考一下溢出效应。正如我们了解到的，无形资产通常会产生大于投资的积极效应。因此，我们预计企业投资无形资产将产生更大的整体经济利益。一个鲜明的例子是研发。阿隆·布拉夫、姜伟和马松研究了对冲基金的意向公司在商业研发方面的情况[23]，即那些实现股东价值的事情。他们的研究结果很有趣：这些公司的研发支出减少了，但单位研发费用产生了更多的专利。这些专利被引用的次数也更多，这意味着专利的质量更高。从企业的角度看，这是一个好消息：较少的投资获得了更高的回报。一般来说，被削减的研发项目几乎无利可赚，但其他人如果利用了溢出效应，很可能会产生隐性经济成本。[24]

传统的企业研究项目似乎也出现了类似情况。曾几何时，开创性的发明出自企业的研发实验室，从半导体、图形用户界面到尼龙、凯夫拉纤维。大部分发明都基于上游研究，而非其他领域。但在过去的 40 年里，企业实验室进行的上游研究数量急剧下降，美国电话电报公司贝尔实验室和杜邦中央研发中心等知名机构已被关闭。[25]

为了解其中的原委，经济学家阿希什·阿罗拉、沙伦·贝伦松和利亚·希尔研究了 1980 年至 2015 年美国公司的出版物和专利。[26] 通过研究公司专利被引用的频率，他们能够估计知识溢出的规模，以及溢出随时间推移的变化趋势。他们表明，在过去几十年中，企业研发的大幅减少与溢出效应的增加是同步的。在这个拥有快速免费数字通信、廉价航空和开放式创新的时代，借鉴其他企业的想法变得更加容易，而企业的应对方式是减少原创研究。他们引用贝尔实验室一位前研究员的话："1937 年，卡尔森发明了静电复印术，但直到 1950 年才被施乐公司商业化……在商业化的几年里，施乐公司能发明专利，也能为一系列相关技术申请专利。（……相比之下）当贝德诺尔茨和米勒于 1987 年在IBM（国际商业机器公司）苏黎世实验室宣布发现高温超导现象之后，休斯敦大学、亚拉巴马大学、贝尔实验室和其他地方的研究团队只用了几周时间就有了重要的新发现。"[27]

现在，让我们转向基于价值的另一个管理问题：短期主义。这种观点认为，以股东价值为管理目标的公司会忽视富有吸引力但复杂的项目，目光短浅的无知交易员很难理解这些项目，他们满足于简单的次优计划：削减成本，维持现有产品线，向股东返现。同样，在某种程度上，批评者的观点被夸大了。布拉夫、姜伟和马松在之前的探讨中发现，维权投资者与其收购的公司价值的长期增长有关，而不仅仅与短期波动有关。[28] 当金融机构在一家公司的股票中积累了大量头寸，或持有公司股票的大股时会发生什么？亚历克斯·爱德蒙斯对此进行了研究。事实证明，拥有大股东的公司更愿意投资研发——爱德蒙斯总结道，可能是因为持有大量头寸的投资者发现，具有短期成本的复杂投资计划值得仔细研究，而散户投资者更有可能质疑这些计划。[29]

总之，我们的金融工具和制度（银行债务、价值投资和简单的管理规则）适用于低信息负荷和低溢出的世界，越来越不适用于无形资产丰富型经济体。在考虑改革之前，我们先了解一下货币政策。

货币政策的制定

商业金融系统依赖的另一个简化制度涉及央行通过货币政策影响投资的方式。在大多数现代经济体中，货币政策通过独立央行的通货膨胀目标和银行监管来发挥作用。

独立央行制度是为了满足有关承诺的制度需求。我们在第3章对此已有所了解。一些政府为了在选举前让经济火起来，会要求央行实现通货膨胀目标。通货膨胀目标制的政策信息量低，符合本章的主题；对大多数人来说，明确的目标易于理解。约翰·凯和默文·金指出，在"极端不确定性"的情况下，经济受到许多"未知的无知"的干扰，一个易于理解的目标尤为重要。[30]他们在新冠肺炎疫情之前，曾有先见之明地指出这种病毒的大流行是个未知数。

问题是，在无形资产主导的世界中，金融发展举步维艰，达成简单的通货膨胀目标也变得难上加难。在解释其原因之前，让我们了解一下它为何重要。思考两个引人注目的事实。首先，目前大多数发达国家的政策利率（即央行设定的利率）接近零。自 2009 年以来，美国、英国和欧洲大陆的平均政策利率分别为0.54%、0.48% 和 0.36%（数据截至 2021 年 4 月）。其次，经济学家贾森·弗曼和劳伦斯·萨默斯已证明，美国在新冠肺炎疫情之前的 9 次经济衰退期中，平均政策利率下调了 6.3 个百分点。英国在新冠肺炎疫情之前的 5 次衰退中，平均政策利率下调了5.5 个百分点。实践证明，利率很难降到远低于零的水平，因此与过去的应对措施相比，目前经济体通过降息来应对未来衰退的空间非常小。

　　通货膨胀目标制有三大要素。首先，央行是根据其自然或中性水平（即通货膨胀保持稳定的长期水平）来设定利率的。其次，这种利率变化影响需求，通过汇率改变消费、投资和净出口。再次，需求影响通货膨胀。我们将了解到，向无形经济的转型影响了所有三大要素，货币政策机构承受的压力越来越大，财政管理机构将承担更多稳定政策的责任。

利率与需求：投资

　　央行的利率调整会通过消费、投资和净出口影响需求。在此，我们重点讨论最不稳定的因素：商业投资。[31] 利率通过三个渠道影响商业投资：融资渠道成本、银行贷款渠道和广义信贷渠道。[32]

融资渠道成本直接影响企业所考虑的边际投资项目的吸引力。较高的利率意味着未来现金流的价值较低，在所有条件相同的情况下，投资项目的价值更低。它还影响汇率和资产价值。货币政策通过银行贷款渠道影响银行资产负债表，从而影响银行的放贷意愿。例如，利率上升可能会降低银行的资产价值，这反过来可能会使银行接近资本充足率的监管红线，如果银行不先筹集新资本，进一步贷款的能力就会受限。通过广义信贷渠道，货币政策影响企业的资产负债表（例如，高利率会导致资产状况的恶化），进而影响企业对债权人的吸引力。

假设贷款人在获取借款人信息方面通常面临问题，尤其是难以判断项目成功或贷款违约的可能性。因此，他们会要求贷款风险溢价，并对贷款施加条件。众所周知的最古老的条件是抵押要求，通常是有形资产抵押，如建筑物（房地产）。但我们了解到，贷款人也会根据公司的收益（收入减去成本）进行贷款。有两种最流行的贷款契约，一是将贷款上限设为公司收益的最大值，二是将利息支付上限设为公司收益的一定比例（利息覆盖率），通常这两种方法会同时用于同一笔贷款。这些契约的初衷是防止借款人破产，但它们也可以在借款人破产的情况下，让贷款人对重组公司的价值提出更有力的法律诉求。[33]

因此，随着利率的上升，融资渠道成本增加：边际投资项目被取消。其他渠道则进一步促使投资放缓。资产价格下降，公司现金流减少，利息支付增加。普遍而言，当经济陷入衰退、需求

　　　　　　　　　　　　　　　　　　　重启未来

下降时，广义信贷渠道是通货膨胀的原因。在经济衰退期，在企业最需要借贷时，其抵押品贬值、前景黯淡，这使得借贷变得更加困难。

无形资产丰富型经济体中利率对需求的影响

到目前为止，一切还算不错。央行只需要提高或降低利率，就可以合理控制商业投资。但对无形资产丰富型公司来说，这些机制的可预测性较低。由于无形资产不太容易作为抵押品抵押给债权人，而且以无形资产为基础的新公司通常盈利很少，或者没有盈利，拥有无形资产的公司可能会与债务市场和传统银行脱节。相反，其投资可以通过留存收益和股权获得更多资金。对这些公司来说，无形资产丰富型经济体的广义信贷渠道会降低货币政策的效力。对其他公司来说，这种影响可能更大。如果贷款人对无形资产公司的筛选难度加大，那么想要通过借款进行无形资产投资的公司可能会面对更严格的条件，因此可能更关注借款成本的变化。此外，由于无形资产的性质，这些公司可能更难满足债务条款。例如，由于缺少抵押品，它们更有可能接近并受到这些债务条款的限制。货币政策的这一方面变得更加不可预测。

需求与通货膨胀

消费、投资和净出口的变化改变了经济学家所说的经济需求侧。但对通货膨胀的影响也取决于供给侧。供给侧通常由菲利普斯曲线表示，它表明通货膨胀有两个来源。首先，如果经济被大幅拉动，远远超过产能，通货膨胀率就会上升（被称为失业/通货膨胀权衡）。其次，如果政府失去信誉，所有人都预计通货膨胀会很严重，他们就会要求提高工资，结果造成物价上涨，经济陷入自我确认的通货膨胀危机。

该框架在多大程度上与事实相符？20 世纪 50 年代至 60 年代，经济的供给侧在战后重建中迅速扩张，随之而来的需求增加几乎没有引发通货膨胀。20 世纪 70 年代，情况发生了巨大变化——通货膨胀率极高，经济运行远低于产能（也就是说，失业率非常高）。当时的经济学家仅从需求变化的角度观察经济，经过一段时间他们才明白，石油冲击等事件可能改变了供应和价格。

过去的十年出现了一个新挑战：持续的低通胀。无论需求状况如何，通胀率一直处于稳定的低水平，尤其是日本，低通胀率已持续了 20 年。对持续低通胀的一种解释是，菲利普斯曲线变得"更平坦"。2020 年 8 月，美联储宣布了货币政策框架，这一解释正是政策变化的核心因素。[34] 平坦的菲利普斯曲线意味着，对任何高于产能的需求增长（或低于产能的需求下降），通胀的反应都会大幅降低。对货币政策制定者来说，好消息是，无论经济与产能的差距有多大，通胀率与目标的差距都会较小。但坏消息是，通胀可能会持续偏离目标，这很可能意味着通胀预期会保持在非常低的水平。这一推理或许可以解释日本持续的低通胀现象。

关于菲利普斯曲线变得平坦的原因，经济学家众说纷纭。关键问题是，面对成本上涨，企业会在多大程度上调整价格。调整的程度可能受产能的限制。例如，如果意外的需求限制了一家汽车公司的产能，该公司可能会提高价格。

　　一种说法是，全球化使国内产能受限的概念变得毫无意义。企业更容易将生产转移到国外，也更容易采购到短缺商品。另一个原因是，在无形资产密集型经济中，产能受限的逻辑吸引力要小得多。例如，面对需求的增加，软件公司可以通过互联网提供更多软件，并且不需要增加额外成本。"产能"受限的概念似乎并不适用。向无形经济转型或许有助于解释菲利普斯曲线的平坦化。[35]

利率和"中性"利率

　　虽然央行可以改变利率，但它最终会受到影响总体经济的自然力量的限制。[36]实际中性利率，通常缩写为 R*（读作"R星"），是经济处于长期均衡状态时的利率，即储蓄者愿意提供的储蓄等于企业愿意进行的投资。例如，随着人口老龄化，更多的人想要为退休而储蓄，此时中性利率可能会下降。储蓄的增加降低了贷款利率——实际利率。储户如果寻找的是安全资产，就会导致较低的安全利率，或较低的安全资产收益率。

　　图 5.1 显示了发达经济体的两种收益率（样本国家的加权平均数）。下面两条曲线是短期和长期政府债券收益率，特别是三年期和十年期政府债券，我们称为"安全利率"。如图所示，安全利率在 1995 年至 2015 年期间持续下降了约 4 个百分点。该图

还显示了商业部门的平均收益率。有趣的是，收益率上升了，但随后又回落到原来的水平。安全资产的收益率一直在下降，而商业投资的收益率保持不变，这意味着二者之间的"利差"正在加大。在此期间，银行存贷利差、公司债券息差和股票风险溢价等其他指标也有所上升。[37]

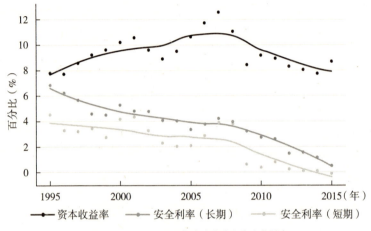

图 5.1　1995—2015 年安全资产和资本收益率

注：横线是奥地利、捷克、德国、丹麦、芬兰、法国、意大利、荷兰、瑞典、英国和美国等汇率调整后的名义GDP 加权平均值。资本收益率是商业部门投资股本的事后收益率，不包括住宅资产。安全利率是主权债券名义收益率。实线是数据点的平滑表示。

资料来源：哈斯克尔，2020a。

安全利率下降，同时安全利率与风险利率之间的利差上升，原因是什么？上升楔形表明，向政府提供安全贷款和向企业提供高风险贷款之间所需的风险补偿有所增加。

经济学家凯文·戴利认为，这两种效应有一个共同因素，即中国的风险厌恶型储户越来越多地参与全球经济，他们储蓄得更

　　　　　　　　　　　　　　　　　　　　　　重启未来

多，并且对无风险资产有更多的需求。[38] 但风险溢价的上升至少有一部分是由无形资产投资推动的，这一说法似乎也合情合理。如果无形资产难以用作抵押品，那么抵押品短缺将推高风险利差。除了抵押品因素，无形资产投资的风险通常会更高；溢出效应产生了一种风险，即搭便车的第三方可能会从无形资产投资中获利。

图 5.2 为该观点提供了一个简单的检验。如果无形资产投资的趋势提高了风险利差，那么利差和无形资产投资强度之间应该存在正相关关系。如图所示，情况确实如此。那些拥有更多无形资产的国家和年份的利差较高。

这对以通货膨胀为目标的央行意味着什么？安全资产收益率下降，安全资产和风险资产之间的利差增加，给安全 R* 带来下行压力。保持借贷双方平衡的安全利率已经下降。但如果 R* 下降，央行就会陷入困境。为了支持经济，必须降低利率，至少在一段时间内与 R* 保持一致。如果利率在 R* 下降时仍保持不变，央行就是在暗中收紧政策。因此，我们最终会陷入这样一种境地：央行必须保持极低的利率，以适应极低的 R*。在久经考验的利率调节机制下，R* 的下降使通货膨胀目标在经济衰退期更难实现。当负面冲击袭来时，金融监管机构降低利率的空间将会更小。[39]

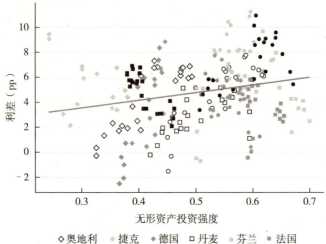

图 5.2　无形资产投资强度和资本收益率利差

注：该图绘制了 1995 年至 2015 年资本收益率与长期安全利率之间的利差。资本收益率根据税率差异进行调整。
安全利率是十年期主权债券的名义收益率。由于欧元区主权债券收益率的显著差异，欧元区每年都使用德国十年
期国债。无形资产投资强度是无形资产投资占总投资的比率。样本国家包括奥地利、捷克、丹麦、芬兰、法国、
德国、意大利、荷兰、瑞典、英国和美国。西班牙作为统计异常值被排除在外。

资料来源：哈斯克尔，2020a。

无形资产融资的变通方法

即使长期制度也并非一成不变。如果在匹配投资资本与无形
资产密集型企业方面，商业金融系统做得很差，那么我们预计会
出现一些新制度和满足需求的新策略，尽管它们并不完善。事实
上，已经有了一些变通方法，包括以知识产权担保的债务、风险
投资、将企业主的房产作为抵押品。这些方法是否解决了问题？

以知识产权担保的债务

某些变通方法很有用，但只适用于少数公司或资产。考虑一

下以知识产权担保的债务增长。[40] 如今，以专利权或音乐版权等知识产权为担保的债务量在逐渐加大。英国和新加坡等国的专利局一直在与贷款机构合作，协助开发此类债务。然而，其现有形式似乎不太可能真正解决抵押品暴政问题。大多数无形资产都不会产生知识产权，即使产生了，市场也较为惨淡，且缺乏流动性。[41]

风险投资

第二项创新是风险投资的稳步扩张。风险投资最活跃、最成功的行业（软件、计算机信息处理、互联网服务和生物技术）高度依赖无形资产，这并非巧合。

风险投资的几个特点是对无形资产性质的回应。风险投资是股权融资，而非债务融资，这避免了抵押品暴政。风险投资通常分阶段进行，这使得无形资产密集型项目中的信息和协同效应得以显现。无形资产的扩展性促进了企业的快速增长，风投基金的商业模式是以这些成功企业为基础的。风险投资是集中的私有股权，因此可以密切审查管理层的计划，同时降低无形资产利益向竞争对手溢出的风险。此外，优秀的风险投资家拥有优质的人脉，这促进了合作、交易和收购，充分发挥了无形资产之间的协同效应。在某种程度上，顶级风险投资家的投资颇受欢迎，因为那是一种认可，为行业中新的伙伴关系打开了大门，而伙伴关系往往涉及投资的成败。出于以上原因，对能够获得风险投资的无形资产密集型企业来说，风险投资是外部融资的极佳选择。

遗憾的是，乔希·勒纳和拉马纳·南达指出，除了软件和相关技术（例如能源）行业，风险投资似乎无法扩展到其他行业。[42]
也许大多数企业不太适合风投融资，因为它们无法提供风投基金
要求的爆炸式增长以证明其成本的合理性。与此同时，风投融资
的可用性和可取性可能会小幅降低银行贷款的平均质量，少数由
风投支持的企业以前就能获得银行融资。

有些无形资产密集型公司无法吸引风投融资，也没有多少抵
押品吸引银行贷款。这类公司的资金需求催生出新的融资选择。
在过去十年里，大多数商业投资都是以无形资产的形式进行的，
另类金融产品应运而生。[43]它们面向不愿承担银行债务的小公司，
其中一些贷款以金融资产以外的物品为抵押品，如发票贴现。另
一些涉及监管力度较小的股权（如股权众筹）或无担保债券（如
小型债券）。还有一些使用加密货币为新业务或新组织结构（如
特殊目的收购公司）提供资金。部分产品将意向投资者与意向企
业联系起来，无疑是有价值的金融创新。有些产品看起来则很可
疑。有批评者称，某些消费者债券和众筹发行给无知的投资者带
来了不利的风险回报权衡。此外，某些众筹利用投资者对特定业
务的青睐，以二级市场利率提供资本。一些拥有狂热客户的细
分行业（如小啤酒厂和CrossFit健身房）过度使用众筹，这绝非
巧合。

另类金融大量涌现，或许对该现象最好的解释是，对无形资
产友好型资本的迫切需求使设计拙劣的金融方案有机可乘——方
案的失败将给投资者带来痛苦。

将企业主的房产作为抵押品

为无形资产密集型企业融资最常见的变通办法是将企业主的房产作为抵押品。这与其说是一种创新，不如说是一种适应。长期以来，英美银行一直将企业主房产的留置权用作商业贷款担保。丹·戴维斯指出："纵观历史，英国市场上的商业贷款有很大一部分是变相的抵押贷款。商业贷款通常是有担保的，抵押品就是企业主的房产。"[44]

乔瓦尼·戴尔·阿里恰及其同事表明，当某地区企业的无形资产增加时，当地银行的商业贷款增长率下降，房地产贷款增长率上升。[45] 最近，更微观层面的研究证实了这种相关性。萨利姆·巴哈伊、安格斯·福尔斯、加博尔·平特和乔纳森·哈斯克尔发现，对英国公司的无形资产投资随着企业主房产价值的增长而增长。[46] 这种相关性符合这样一个假设，即无形资产密集型企业不得不更多地依赖外部有形资产来克服信贷摩擦。[47]

金融制度不健全的后果及改革建议

金融制度所依赖的许多便利的简化方法和流程不再有效，这一事实可能会产生多个后果。第一个后果，我们预计，如果大量企业更难获得无形资产外部融资，整体经济中的无形资产投资会减少，特别是新创小企业（能够获得风险投资的少数小企业除外）和无形资产丰富的落后大企业。风险投资模式似乎无法在正常贷款之外扩张。金融危机的持续影响表明，获得无形资产抵押贷款的难度越来越大，其确切的途径很难确定。

第二个后果，我们预计，如果收紧对小企业的贷款，银行的资产负债表将更多地由房地产贷款组成。部分原因是银行不愿意向不具备有形资产抵押品的企业提供商业贷款，还有一部分原因是，银行在发放商业贷款时更有可能寻求国内房产的留置权。因此，银行对房产市场的敞口越来越大。我们已经看到，房地产贷款占美国银行资产的比例在上升。作为银行稳定性变化的监管机构，英国金融政策委员会的压力测试表明，住宅地产价格每发生1%的变化就会使英国零售银行损失5亿英镑。相比之下，GDP发生1%的变化（整体经济，而不仅仅是住房）对零售银行的影响要小得多，为1亿英镑。[48]

无形资产丰富型企业融资困难造成的第三个后果与企业家的供给有关。潜在创业者越来越需要一套住房作为抵押品来筹集商业资金，这一趋势令人担忧，它可能会对资金获取造成不利影响。丹·戴维斯指出，并非所有潜在创业者都拥有房产。[49] 如果房产成为较大的创业障碍，创业者的人才储备就会减少，新商业信息可能会受损。该论点与文章《迷失的爱因斯坦》的观点类似——如果潜在发明家缺乏大展宏图的早期鼓励，生产率就会因此受阻。[50]

最后，在面对负面冲击时，利用利率变化制定货币政策的难度加大。由于政策对经济的助力较小，经济变得更加脆弱。

建议

首先要解决的难题是如何创建更好的金融架构，使企业能够投资无形资产。这需要彻底改变我们对商业金融的激励和监管方式。

一个建议是终止对债务和股权的不对称税收待遇。几乎所有国家的企业都可以将债务利息支付（但不是股权融资）视为一项企业支出，以确定其纳税义务。在《无形经济的崛起》中，我们主张终止这种优势，途径是允许股权税收抵免（《税制设计》和《弥合无形资产融资缺口以支持生产率》提到这项措施）。[51]偏见持续的时间越长，代价就越高。

第二个建议是改变金融监管，让投资经理更易于支持无形资产丰富型公司，尤其是那些证券流动性较差的公司。正如我们前面所讨论的，养老金和保险公司值得关注，因为它们控制着大量资产。促使投资经理对基于无形资产的公司进行更多投资，该举措在美国产生了巨大的影响。经济学家萨姆·科图姆和乔希·勒纳证明了20世纪70年代末80年代初美国风投资金的大幅增加，为20世纪90年代末的再次腾飞奠定了基础。他们表明，这也与更多专利的出现有关。[52]1979年的法规修订推动了这一转变，法规允许美国的养老金经理人用部分基金投资高风险资产，包括风险投资。

养老金和保险的低投资问题是集体行动问题的一个例子。我们在第3章指出，解决这类问题需要进行制度改革。针对单只基金更多的信息需求问题，我们可以通过建立投资非流动性股票的集体基金（或多只基金）来解决。该举措将分散风险，实现规模经济，监督投资非流动性资产的公司。这种集体行动会降低成本和风险，还可能增加无形经济所需的风投基金的投资。此类提案的例子包括投资协会提议的长期资产基金[53]和英国商业银行提议的集合投资工具的建议。[54]在撰写本书时，英国央行、财政部和金融行为监管局已经成立了一个行业工作组，以促进生产性金融投资，还创建了长期资产基金，它可能需要进行监管改革（另一个集体行动问题）。[55]

然而，这类鼓励措施不会有风险吗？这又是集体行动问题。记住，当前的投资是开放式基金，自然是有风险的，因为个体可以立即赎回资金，但集体却不能。对流动资产的渴求会迫使基金大量抛售资产。因此，目前尚不清楚转向流动性更差的投资是否有更大的风险。此外，对股权投资的限制会迫使企业承担更多债务风险，从而引发日益严重的危机。[56]

第三个建议是针对投资经理的。一段时间以来，许多投资经理转向对环境、社会和公司治理的投资（ESG）。也就是说，他们关注投资对象更广泛的影响，而不仅仅是金融回报。通常，关注的重点是负外部性，例如，避开损害消费者健康的烟草公司或污染环境的煤炭企业。作为 ESG 要求的一部分，投资经理和资产所有者应该多考虑积极的溢出效应，尤其是无形资产投资的积极溢出效应。在研发或培训方面投入大量资金的企业可能会从未来的收益中获得回报，回报最终反映在股价上。如果研发或培训产生了积极的溢出效应（几乎肯定会产生这种效应），那么它也在创造社会效益。同理,臭名昭著的环境污染者会损害社会利益。有 ESG 要求的基金应优先考虑在研发、设计、培训和其他具有积极溢出效应的资产上进行大量投资的公司,而关心世界未来的资产所有者应该寻找有此类要求的基金。

在货币政策方面,货币政策空间不足意味着财政政策的作用会增强。但财政政策也并不完美,它可能会滞后、延迟,或者不受欢迎。可选方案至少有三种。

第一种是赋予金融管理部门更多的权力。比如,政府可以效仿金融危机以来英国的做法,确保央行的量化宽松(QE)计划,即支持其购买政府债券或商业债券。或者,央行可以实施"双重利率",允许商业银行以较低的成本从央行获得资金。(目前欧洲央行使用的就是双重利率和负利率。)安在彬、罗曼·杜瓦尔和卡恩·塞韦尔的研究表明,在货币政策制定者降低利率以抵消负面冲击的国家,无形资产投资的降幅较小。[57] 但这些政策引发了央行独立性问题。把钱交给商业银行是明显的财政政策,它损失公共资金用以支持私营实体,因此最好由政府而不是独立的央行来执行。[58] 央行最好将精力直接用于改善财政政策。

第二种选择是,要么保持财政政策独立,要么加强财政政策独立审计机构的作用。英国预算责任办公室和美国国会预算办公室是两个富有影响力的独立机构,它们是为履行承诺而创建制度的例子。如果央行的政策空间消耗殆尽,可行方案是让它发挥这种作用。如此一来,央行就可以在经济衰退所需的财政政策方面发出独立的声音。

第三种是让财政政策更加"自动化"。IMF 经济学家奥利维尔·布兰查德、乔瓦尼·戴尔·阿里恰、保罗·莫罗和詹姆斯·史密斯在决议基金会中讨论了这类政策。[59]一种自动的财政政策是累进税制。有了这一制度，当经济紧缩、收入下降或经济扩张、收入增加时，工薪阶层将自动获得减税。当然，如果税制更具累进性，这种自动稳定器会更强大。此类政策还需配合更慷慨的社会保险计划，以便在经济下滑时提供更多收入保险。政策对赤字的净效应取决于政府支出是否灵活。例如，如果政府支出在衰退期间几乎没有下降，或者因社会福利的增加而增加，那么这种自动稳定器的成本可能很高，因而在政治上很难实施。

尽管存在政治困难，但这种自动稳定器在欧洲背景下可能非常有益。举一个具体的例子，经济学家吉姆·费雷和布鲁斯·萨塞尔多特指出，美国联邦所得税（占美国 GDP 的 17%）的累进性很强。[60]欧洲没有类似情况。美国提供了一个重要的自动稳定器机制。费雷和萨塞尔多特指出，在遭受负面冲击时，美国各州每损失 100 美元就会得到 25 美元的联邦所得税抵免。尽管欧洲对此进行了改革，但欧元区国家之间的财政转移支付政策相对较弱。缺乏财政转移支付政策最终导致紧张局势和政治困境。纷争通常出现在经济危机期间，可能会让政局更加动荡。

另一类自动稳定器是针对易受影响地区实施的干预计划，这些计划在衰退期开始时执行，在经济复苏时退出。例如，针对低收入家庭的临时税收政策，或投资税收抵免。布兰查德、戴尔·阿里恰和莫罗认为，干预政策可能会在 GDP、工时或失业率超过某个阈值时被触发。[61] 这些方案具有很大优势，其目标是社会上最需要帮助和最敏感的群体。[62] 特别是，方案的实施以地区为靶向，有助于缓解区域不平等问题。

我们认为，在新冠肺炎疫情期间，这种自动稳定器的政治背景发生了重大变化。财政支持（尤其是支持受疫情影响严重地区）在政治上似乎比以前更容易接受了。自动稳定器服务于受经济衰退影响最大的人群，也许现在是时候就其规则达成政治协议了。承诺提供有针对性的支持能全面降低风险和不确定性，因此很有可能防止伴随着经济增长放缓而来的低增长预期的出现。

最后，我们可能会问，在公共债务非常高（2020 年英国的公共债务占 GDP 的 98%）的经济体中，计量是如何变化的。标准方法是首先指出，如果初级赤字非常高且（或）利率相对于增长率上升，债务与 GDP 的比率将上升，二阶效应取决于债务 / GDP 水平的起点。（如果债务 /GDP 水平的起点非常高，那么利率的上升对债务 /GDP 水平的上升有更大的影响。[63]）但事实恰恰相反：贾森·弗曼和劳伦斯·萨默斯指出，在债务水平较高的情况下，GDP 增长率的上升对减少债务 /GDP 的影响比债务水平较低的情况下更大。因此，加速增长的任务更为紧迫。[64]

小结

无形资产的特点增加了无形经济的融资难度。无形资产投资的沉没成本使向传统银行提供抵押品变得更加困难。因此，寻求投资的公司必须依靠自己的现金储备或房产抵押获得资金，这会造成无形资产投资不足。适用于有形经济的工具并不是对我们有益的金融工具。相比过去，我们需要更多的股权、更少的债务，以及对经济和企业更深的了解和理解。

无形资产丰富型经济加大了货币政策的制定难度。更多的无形资产会增加经济风险，降低安全的中性利率，迫使央行保持低利率，限制了央行通过利率变化抵消经济负面冲击的能力，增加了我们的脆弱感。

无形资产的融资改革迫在眉睫，比如消除税收制度偏见，允许养老基金和保险公司投资无形资产公司，这可能会降低风险，提高回报。此外，还需要提高财政政策的自动性，以便在货币政策陷入困境时提供帮助。自动稳定器和更具累进性的税制涉及对最弱势群体的定向支付。新冠肺炎疫情增强了这些建议的政治认可度，现在正是采纳它们的好时机。

第6章

让城市更好地运转

　　无形资产的增长凸显了生活中某些有形事物的重要性：物理上的接近、居住地和工作地，以及城市房地产。基于无形资产的经济给城镇带来了挑战——从繁荣的城市如何使用土地到如何帮助落后地区，再到如何远程办公——遗憾的是，管理此类事物的制度无法应对挑战。更重要的是，旧制度根深蒂固，制度的完善不仅需要技术上的修正，还需要意识形态、分配和文化层面的变革。

　　曾几何时，国家的主要城市都在蓬勃发展、不断壮大，城市一派欣欣向荣，有人因此担心其他地区被甩在后面。批评人士说，城市太富有，太自命不凡，倾向于自我交易。后来，一场致命的流行病出现了，城市的安全性和吸引力锐减。此时，一位革命作家拿起笔，描绘了一个更美好的世界。在这个世界里，大都市精英们更加谦逊，城市也没有那么强大。

你或许认为，这位作家是生活在铁锈地带、落后城镇或农村地区的现代史学家，他对都市精英的厌恶与日俱增，梦想着在后新冠肺炎疫情时代的未来，城市会变得更加谦卑。你的想法可以理解。但事实上，这位作家是托马斯·杰斐逊。两个多世纪前，准确地说是1793年，美国旧都费城暴发了黄热病疫情，他为那场疫情而写作。[1]杰斐逊一直认为，城市在道德和政治层面都是令人质疑。在写给本杰明·拉什的信中，他说："我认为大城市对人类的道德、健康和自由是有害的。"[2]他的批判也是一种经济批判："大城市滋养了高雅艺术，但实用技术可以在别处蓬勃发展。我选择住在不甚完美却拥有更多健康、美德和自由的地方。"杰斐逊认为，无论是从隐喻角度还是从字面意义上说，农业社会都是一个健康的社会，其证据是黄热病在大城市的蔓延造成了严重破坏。[3]

在很大程度上，杰斐逊反对城市的斗争以失败告终。过去的两个世纪，美国和其他大多数发达国家的人口从农村转移到城市。农业在国民产出总量中的比例已降至近乎零。尽管在过去的几十年里，城市再次繁荣起来，但在战后的几十年里，由于汽车的便利和城市犯罪的猖獗，城市富人纷纷搬到了郊区，城市的繁荣一度有所减退。在无形资产丰富型经济体中，企业和工人被吸引到城市。在城市中，他们可以利用协同效应，并从溢出效应中获益。尽管城市的富饶昌盛达到前所未有的高度，却并没有为所有居民提供服务。低技能工人因移居城市而获得的工资溢价已经消失，城市房价不断上涨，人们对低档社区高档化（也称"士绅化"）的担忧与日俱增。

此外，繁荣的城市与国家其他地区之间的差距越来越大，尤其是城市与"城镇"之间的差距更大。在英国的政治话语中，"城镇"一词通常指人口低于 20 万的后工业时代的贫穷城市。相较于城市居民，城镇居民通常年龄偏大、白人更多、受教育程度更低、与现存体制更疏离、更热衷于民粹主义政治。在托马斯·杰斐逊看来，为解决差距而设置的政治议程适得其所：用经济学家爱德华·格莱泽的话说，"城市的优越感"太强，需要重新平衡。

新冠肺炎疫情发生后，世界各地的白领被迫居家办公，有的长达数月，这创造了一种新动态。2020 年冬，英国 45% 的受访者居家办公。2021 年 3 月，这一比例为 40%，而疫情之前可能只有 5%。[4] 视频会议从一种新鲜事物变成工作生活的主要部分。新常态提出了一个问题：也许有些人永远不会重返办公室了？果真如此，能解决拥挤的富裕城市和落后地区的某些经济问题吗？

如今，人们的工作和生活都处于无形资产丰富的经济环境中。在本章我们将探讨这种状态下的制度。我们首先考察城市的重要性，以及新冠肺炎疫情是否已经永久地改变了城市的重要地位（透露一下：答案可能是否定的）。接下来，我们研究繁荣城市和落后地区面临的问题，以及解决这些问题所需的制度变革。最后，我们提出问题：疫情迫使员工远程办公，如何最大限度地利用这一变化。

无形资产的崛起与城市的繁荣

过去三十年，某些城市的经济崛起令人瞩目。借用经济学家恩里科·莫雷蒂的话，在这场"大分化"中，活力最强的地区在许多方面领先于活力最弱的地区，最突出的一点是受教育工人群体的形成。

无形资产变得越来越重要，这在我们的预料之中。在分析"聚集效应"（城市规模和经济增长之间的联系）时，经济学家吉尔斯·杜兰顿和迭戈·普加确定了三个原因，他们称为匹配效应、学习效应和共享设施。[5] 在大城市，员工与工作、客户与服务、合作伙伴（商业、社交或爱情关系）之间的匹配更容易。人们也更容易从他人和其他公司那里获得学习机会。城市让人们共享昂贵的资源。在协同效应和溢出效应更为丰富的经济体中，匹配和学习功能变得更加重要。经济学家爱德华·格莱泽将 1990 年以来城市的崛起描述为，受到"人力资本密集型服务业"的驱动。[6] 我们要补充的是，这些服务业也是无形资产密集型的。繁荣的城市也为酒店和餐饮服务等行业的低技能工人创造了工作机会。长期以来，这些工作享有工资溢价；在一定程度上，城市中无形资产密集型企业带来的好处是向下渗透的。

更便捷的交通和更先进的技术（从廉价航班到无处不在的电子通信）使人们更容易远程利用无形资产的溢出效应（如研发等）。尽管如此，城市已经发展壮大。经济学家马特·克兰西指出，1975 年至 2015 年，专利列表中发明者之间的平均距离翻了一番。[7] 自 1993 年经济学家首次对本地知识溢出进行定量测量以来，本地知识溢出的强度似乎越来越弱。[8] 即使技术使远程合作变得更容易，一些相反的力量也提高了城市的吸引力和生产率。首先，通过测量新专利术语组合，我们发现城市有利于产生有创意的技术组合——协同效应在发挥作用。[9] 即使与过去相比，溢出效应的远距离作用更强，但在大多数情况下也是面对面发生的。随着资本存量中无形资产比例的增长，这种优势变得越来越重要。

但在新冠肺炎疫情迫使上班族居家办公之前，世界特大城市的发展已经步履蹒跚，尤其是不断上涨的住房成本正在蚕食大城市的生产率优势。[10] 企业在繁荣城市较高的生产率不太可能转化为较高的利润，或较高的工人可支配收入，因为住房成本的上升抵消了差异。值得强调的是，这种限制并非自然限制。无论是伦敦、旧金山还是上海，全球的超级明星城市都有很大的发展空间，可能会更加密集。相反，限制来自不合理的制度，特别是过时的规划和土地使用规则，其设计目的不是最大限度地发挥聚集效应，而是通过将人们转移到远郊定居点来阻止城市的新发展。在无形资产较少的经济中，这种土地使用规则的成本较低。

业主特定的经济利益会导致一系列政治后果。经济学家威廉·费舍尔是最早指出这一现象的人。在《业主选民假说》(The Homevoter Hypothesis) 中，他认为业主（他称为业主选民）可以从社区的发展中获利。[11] 他们就像希望自己的公司运作良好的投资者。业主选民阻碍城市发展的制度得到了贫富群体的支持。那些有幸拥有住房或公寓的人阻碍新开发项目，因为这可能会降低他们自己房产的价值，或者造成城市的拥挤和混乱，或者降低其房产的稀缺价值。城市贫民也阻碍新开发项目，因为在住房供应量不足以降低房价的情况下，高价新房（"豪华公寓"）会取代低价老宅，贫民被迫迁移，现有社区遭到破坏。简言之，就是士绅化。富人和穷人都怀疑政府是否能提供足够的新基础设施和服务来满足不断增长的人口的需求，尽管理论上人口增长会提高支付能力。[12]

在无形资产丰富型经济体中，相较于小城镇和几乎不存在无形资产的衰落城市，繁荣城市面临的问题显得微不足道。部分问题在于，在功能失调的城市生活和工作令人不快。正如繁荣城市会给居民带来正外部性一样，衰落的城市会带来负外部性。犯罪和劣质服务使人们不太愿意住在衰落的城市，而每家离开的企业都会减少城市中其他企业的溢出效应。这些影响日益凸显，因为企业越来越多地依赖于周边企业产生的溢出效应。

英国许多小城市面临着另一个问题：交通基础设施滞后。这意味着其功能比实际情况要差得多。经济学家汤姆·福思针对该主题撰写了大量文章。[13] 如果城市没有地铁，通勤需要花费两小时，工人就很难找到新工作。如果出差开会的交通时间太长，那就很难向其他公司学习。其结果是一种恶性循环：（有权决策的）中央政府不愿投资衰落城市的交通，这些城市会继续衰落，因为其交通网络不发达，无法利用聚集效应。

在协同效应越来越重要的时代，小城市还存在另一个问题。保罗·克鲁格曼指出，在纽约罗切斯特等地，高产出行业往往

　　　　　　　　　　　　　　　　　　　重启未来

会逐渐催生出另一行业。[14] 1853 年，约翰·雅各布·鲍施在罗切斯特创办了一家眼镜店，即后来的博士伦公司（发明了"雷朋"太阳镜）。这种镜片制作工艺传到了伊士曼柯达公司（创建于 1888 年）和施乐公司（创建于 1906 年，第二次世界大战后发明了静电复印技术）。在很长一段时间里，龙头企业让罗切斯特繁荣富足，但最终它的好运耗尽。施乐公司衰败了，当地没有新企业来填补这一空缺。克鲁格曼指出，我们可以预测某些城市会因厄运而衰落，这种厄运在小城市发生的频率比在大城市高，因为小城市可能只有少数高产企业，而大城市会多头下注。克鲁格曼将这种情况比作"赌徒破产"：相较于富有的纸牌玩家，贫穷玩家更难摆脱厄运。我们预计，在溢出效应和协同效应更为重要的经济体中，这一问题会更加棘手。

此外，我们必须考虑马太效应：欣欣向荣的城市发展得更好，增长的幅度更大，而无形资产匮乏的城市则越来越差。虽然拥有大量无形资产的小城市或城镇会蔑视聚集的力量，例如，剑桥（人口 12.5 万）等英国大学城，或拥有本土高产大公司的城镇，如劳斯莱斯所在地德比（人口 25.5 万），但规模小通常是劣势。如果地方的富足来自大公司的溢出效应，那么它很容易陷入"赌徒破产"的境地。并非每个城镇都能拥有世界一流的大学。

地区差距日益扩大，后果之一是政治失调。恩里科·莫雷蒂在其著作《高薪城市》中报道了选民与政治脱节的状况。该书出版后不久，世界各地的政治企业家开始以民粹主义吸引疏离的选民。民粹主义通常与一种承诺相结合，即重振已失去的社会和经济世界。[15]

富有但发展受阻的城市与令人不满的衰落城镇构成了双重束缚，我们寄希望于科技的拯救。新冠肺炎疫情带来的居家办公革命可能会加速这一变化。1968 年，计算机科学家道格拉斯·恩格尔巴特演示了视频会议和同步协作文档编辑。[16] 30 年后，记者弗朗西丝·凯恩克罗斯创造了新语词"距离的消失"，用来描述这样一个世界：技术使经济摆脱了地理位置的狭隘限制。[17] 2020年初，地理位置至少与过去一样重要：在某种程度上，人们将"距离的消失"视为一种天真乐观的表达，就像"飞行汽车"、"无纸化办公室"和"历史的终结"等语词一样。

新冠肺炎疫情为远程办公带来了新希望。许多国家有近一半的员工居家隔离，企业在进行一项强制性实验。很多员工和部分雇主发现，远程办公并不像想象的那么糟糕。上班迟到的人少了，人们学会使用视频会议和协作软件。许多从未考虑过大规模远程办公的企业发现，即使不是所有人都到办公室打卡上班，生意也照做不误。

但是居家办公的经验提醒人们，即使远程办公在隔离期结束后有所增加，办公室也没有消亡。英国国家统计局对英国企业进行的一项大型调查显示，只有少数企业希望长期居家办公（如图6.1 所示）。此外，调查还发现，只有一个行业的企业认为居家办公的生产率不降反升，那就是信息通信业（如图 6.2 所示）。在打算增加居家办公的企业中，该行业的占比最大，这不足为奇。排名第二的是科技行业，第三是教育行业，但它们称居家办公降低了净生产率。

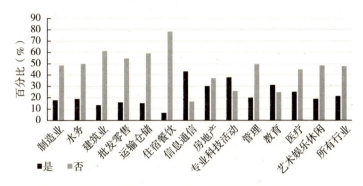

图 6.1　有意将居家办公作为长期商业模式的比例

注：第 14 波（2020 年 9 月 21 日至 10 月 4 日）、第 16 波（2020 年 10 月 19 日至 11 月 1 日）、第 18 波（2020 年 11 月 16 日至 29 日）、第 20 波（2020 年 12 月 14 日至 23 日）、第 22 波（2021 年 1 月 11 日至 24 日）和第 24 波（2021 年 2 月 8 日至 21 日）的平均值。请注意，"其他工作"已从样本中删除。问题："贵公司是否打算将居家办公作为未来长期的商业模式？"数据经过就业人数加权。

资料来源：ONS 商业洞察和状况调查数据，哈斯克尔（2021）。

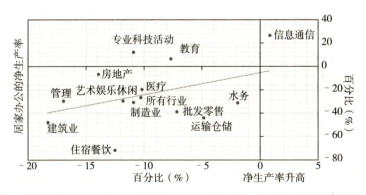

图 6.2　预期长期居家办公的行业净生产率百分比与报告居家办公提高行业净生产率的百分比

注：第 14 波（2020 年 9 月 21 日至 10 月 4 日）、第 16 波（2020 年 10 月 19 日至 11 月 1 日）、第 18 波（2020 年 11 月 16 日至 29 日）、第 20 波（2020 年 12 月 14 日至 23 日）、第 22 波（2021 年 1 月 11 日至 24 日）和第 24 波（2021 年 2 月 8 日至 21 日）的平均值。请注意，"其他工作"已从样本中删除。问题："居家办公的增加如何影响你的工作效率？"数据经过就业人数加权。

资料来源：ONS 商业洞察和状况调查数据，哈斯克尔（2021）。

以上数据表明，由于新冠肺炎疫情，居家办公的增加有助于缓解最繁忙城市的压力，安静地区的居住吸引力有可能增强。但这是一场进化，而非革命，而且城市和集群的潜在重要性不会消失。

技术专家与政治家

这样看来，远程办公似乎不会让城市落伍，也不会解决拥堵和住房短缺的问题。城市生活的需求不断增长，我们来探讨两种解决方案：技术专家的方案和政治家的方案。

技术专家深吸一口气，从既定事实入手。促进城市发展，城市会出现经济增长，但城镇会成为落后者。所以，我们改变规划规则，促进城镇发展。在英国公共政策中，技术专家的终极目标是缩小甚至消除绿带。绿带是根据 1947 年《城镇及乡村规划法案》，在城镇周围建立的 160 万公顷[①] 受保护的未开发土地，旨在阻止城镇的蔓延和带状发展。他们指出，伦敦地铁站附近有大量绿带，其中大部分不是田园风光，而是有碍观瞻的灌木丛或大片农田。保罗·切希尔和博扬娜·布尤克里娃估计，距离市中心不到 45 分钟的轻轨车站 800 米范围内有 46 867 公顷的可建土地，其中 29 722 公顷位于绿带。这些土地足以将住房存量提高 7%

---

① 1 公顷 =10 000 平方米。——编者注

至 8.8%，大约相当于过去 15 年全英国的房屋建造量。[18] 技术专家还指出，限制性很强的规划规则使牛津和剑桥等高产地区规模较小，从而限制了当地纳税人资助的所有研发的溢出效应和经济效益。美国技术专家指出的法规问题包括：限制性城市分区、强制执行过多停车要求或新开发项目的低密度。两国的技术专家都指出了避邻主义者（NIMBY，是"不要在我的后院"的首字母缩略词）在规划和分区决策中的权力。

他们希望中央政府推动放宽规划法，在繁荣的城市建设更多住房，让城市住房更便宜、更充足，更多的人可以从贫穷地区搬到富裕地区，获得更高的工资溢价。2008 年的《城市无界》政策文件阐述了这一愿景的极端版本，该文件在英国媒体中声名狼藉。[19] 一些耸人听闻的报道让人们认为"城市无界"的观点是：应该关闭米德尔斯伯勒和森德兰等后工业城市，将人口转移到无形资产丰富的大规模扩张地区，如牛津和剑桥等。这些提议容易忽略的细节是，如果房价下跌，低技能者有能力搬到大城市，那么城镇平均人口的技能水平会提高（目前只有高技能者才会选择移居）。也许大多数技术专家的提议不会像"城市无界"那么离谱。在现实中，我们看到许多较为温和的版本，比如 2020 年，英国中央政府关于住房计划的一个提议是，将规划权从地方政府转移到开发公司。再比如，美国某些州采取的措施是将分区权从市政府转移到州政府。人们认为，这些措施屈从于当地避邻主义的可能性较小。

政治家对提案的离谱程度感到震惊。避邻主义司空见惯。拥有住房的富裕选民不希望自己的社区被过度开发破坏，因为住房是其最宝贵的资产，甚至可能是其退休计划，他们不想冒险。贫穷的租房选民不愿看到士绅化令社区面目全非，尤其在面临被挤出的威胁时。阻止开发和规划实施是地方政治的基本任务。对落后城市的衰退管理策略甚至更激进。大多数国家的选民期望政治家为推选他们的选区做出贡献，人们不会接受"搬到城市会让你更幸福"的说法。选民希望衰落地区扭转颓势，恢复昔日的辉煌，如果你做不到，他们就会投票给有能力做到的人。

"距离的消失"不起作用，这可能是技术专家和政治家的共识。技术专家会指出，这种情况尚未发生，而且没有迹象表明会发生。政治家会说，没有迹象表明人们期待它发生（新冠肺炎疫情之后，远程办公导致的各种恶劣的经济后果会持续下去，从工作外包到地方经济的崩溃）。最终的结果是令人不快的妥协，在规划改革和扶持落后地区方面的尝试都是在敷衍了事。

规划改革提案的力度在交付过程中通常会被削弱。举个例子，最近，英国提出了一项社区土地拍卖方案。从经济角度来说，它无可挑剔：出售更多的土地，允许地方政府获得部分规划收益。这项提议遭到游说和政治质疑的双重打击。另一个例子是英国政府的地方住房协议，这些协议在中央政府和地方政府多年的讨价还价中陷入僵局，导致建房数量寥寥无几。此外，制度的复杂性给建筑公司带来了不当激励，将其注意力从住房建设转移到土地投机和获得建筑许可的游说上。与此同时，为落后地区"做实事"的政治必要性引发了大量空谈，却少有具体计划。

更好的制度和更明智的政治

大多数现有解决方案的弊端是，要么解决政治问题而不考虑经济现实，要么解决经济问题而不考虑政治现实。更有效的办法是建立在经济和政治方面都能发挥作用的新制度。我们考虑让城市和落后地区共同发展的方法。

建造住房

城市的最大问题是很难建造更多的住房。城市的生活和工作需求在增长，但住房供应的增速过慢，导致租金和房价上涨。事实上，由于利率较低，房价上涨的速度比租金快，但租金才是我们真正关心的问题。这种高需求意味着，从理论上说，拥有非密集性住宅（比如，两层半独立式住宅）的业主出售房屋，将其开发成更密集的住宅（比如，四层多租户的公寓），他们可以获得一笔横财，生活将发生翻天覆地的变化。有人可能觉得，相较于售房和搬家的麻烦，这笔钱不算什么，但我们所说的是六位数的英镑或美元收益，肯定有人在意这笔钱。

当然，在大多数城市，法律禁止为重新开发而出售私有土地。这些限制很难突破，因为将房子开发成公寓会损害他人利益，造成混乱，并可能降低附近房产的价值。规则是由市政府或地方政府制定的，因此改变它们几乎是不可能的。投票者太多，很难达成一致，而且大多数投票者都不是业主。经济学家将这种情况视为协调失败：业主很想重新开发自己的地块，却不希望邻居也这么做。同时，他们无法通过协调改变规则来达成自己的愿望。

伦敦房产开发支持者（YIMBY，"可以在我的后院"的首字母缩略词）约翰·迈尔斯指出[20]，政治学家对这类问题进行了大量思考。埃莉诺·奥斯特罗姆研究了社区如何管理所谓的公共资源，如渔场和牧场。她指出，只要有好的制度和规范指导人们的管理，自下而上的资源管理通常就会比政府自上而下的控制更有效。[21]城市空间和共享的城市环境是公共资源的现代例子。

街头投票和街区划分是两项有趣的提议。街头投票由伦敦的房产开发支持者推动，20世纪90年代，美国城市学者罗伯特·埃里克森首次提出了街区划分。[22]提议将规划和分区决策的批准权完全下放给小地区。规划决策不再由城市或地方政府做出，而是由街道或街区的房产所有者做出。居民在协商一致的前提下，可以将19世纪城市街区常见的豪宅重建为四五层的公寓。权力下放的优势在于，协调过程更顺畅，可以实现更大的发展。人们可能决定不开发某些街道或街区，毕竟，相较于大发横财，有些人更愿意住在自己现在的房子里。但一般来说，会有人选择房产开发，如此一来，居民可选择的住房空间就增加了。

伦敦的房产开发支持者提出了一系列保护措施[23]，避免出现违反民意的结果。例如，只有在一定数量的当地人提议并支持投票时，才能开启投票。可能需要2/3的当地业主，和（或）在当地拥有五年以上房产的绝大多数人。目标是找到居民认同的地区，大家都想通过高密度的房产提高该地区的设施和土地价值，而不是把密度强加给反对者。一个相关的设想是"社区边界扩展"，它允许村庄等小社区缩小周围绿带的规模，获得更大的发展，同时人们可以共享收益。

这些提议有两个亮点。首先，其调整激励措施的方式是许多规划改革设想所不具备的。在聚集效应显著的时代，建造更多住房会产生巨大的社会效益，投票支持它的家庭可以获得经济利益。投票反对发展的街道或街区不会获得这种回报。其次，这些提议加强而不是削弱了当地的实力和能力。

有迹象表明，这些提议越来越受欢迎。1998 年，人们开始意识到避邻主义。罗伯特·埃里克森提出了一种街头投票形式。美国区域划分专家罗伯特·纳尔逊在 1999 年提出了类似的建议。在 2020 年的一份立场文件中，英国皇家规划学会支持这种"微民主"。立场鲜明的英国政府建筑环境委员会建议对街头投票和街区投票进行试点。[24]

从理论角度看，为避免城市发展受阻，将规划决策权交给州政府或国家的做法很有吸引力。较大的政府应该能够解决协调问题。但在实践中，它很可能成为游说的牺牲品，结果出现类似英国住房改革的僵局以及半途而废的状况。我们的讨论旨在说明第 3 章的原则。产权（此处指当地业主的产权）有助于解决集体行动问题。集中决策可能有助于解决溢出效应问题，但会引发浪费性的影响力活动。

基础设施建设

繁荣城市面临的另一个问题是基础设施和服务，尤其是交通。交通落后和拥堵使城市规模小于其人口所体现的规模。居民如果不相信交通能力会随着人口的增长而增强，就更有可能抵制新的开发项目。

技术专家有自己的解决方案。最直接的办法是借钱修建新的公共交通线。随着时间的推移，城市更加繁华，经济活动更为频繁，借款以税收来支付。更宏大的目标是，城市决策者可以在目前的免费区收取拥堵费或停车费。在此情况下，司机要为以前免费的共享资源付费，为改善道路和公共交通提供收入来源。爱德华·格莱泽在最近发表的《城市化及其不满》一文中指出，城市制度（从交通、交通管理到治安、学校）落后于城市所面对的挑战，造成了日益严重的经济问题。[25] 近年来，英国某些机构（包括汽车慈善机构 RAC 基金会[26] 和至少一个右翼智库[27]）支持向道路使用者收费。

挑战不仅来自如何选择最佳政策，还来自战胜政治和特殊利益集团（如避邻主义）的抵制。改善拥堵或公共交通可能惠及较大的群体，但司机不希望收费。相比之下，司机更善于组织抗议。类似现象包括警察工会抵制问责制或社区警务方法、教师工会抵制新课程。

部分解决方案来自政治选择。如果政治家投入政治资本忽视既得利益，或者发动不会自发形成的抗衡力量联盟，在一定程度上就可以战胜既得利益。事实上，这在很大程度上反映了政治家的所作所为和政治的本质。比如，2019 年当选的英国政府表示，将加快对伦敦以外的英国大城市的公共交通投资，公共交通的不完善可能降低了城市的聚集效应。这一承诺能否兑现有待观察，但它显然已决定在该问题上投入比前几届政府更多的政治资本。同样，美国 2020 年的抗议活动"黑人的命也是命"，揭露了警察工会的权力，以及某些警察机关享有的宽泛的法律保护。抗议活动可能会动员足够多的反对力量，削弱警察的权力。改善城市制度的呼声越来越高，政治家可能更愿为此投入政治资本。

与规划一样，良好的政策设计使政治进程更加顺畅。经济学家唐纳德·舒普用 20 年时间研究了免费停车和最低停车要求对美国城市的不利影响（在洛杉矶，停车位占土地总面积的 14%，是道路系统面积的 1.4 倍）。他认为，停车收费的前提是确保收入用于当地。[28] 街道信托基金将部分道路使用费分配给特定街道。埃莉诺·奥斯特罗姆的方案与之不谋而合，即通过权力分配和授权社区来管理公共资源。这些建议为城市领导人解决阻碍大城市发展的制度性问题提供了有益的参考。[29]

落后地区

针对繁荣城市存在的问题，技术专家提出的很多解决方案在政治上都行不通。落后地区面临的问题恰好相反。善意的（以及某些不太善意的）政治家会迅速做出承诺，复兴往日的辉煌，但这些承诺往往脱离经济现实。

在一定程度上，唐纳德·特朗普 2016 年的当选归功于他在曾经繁荣的制造业城镇的人气，及其重振美国制造业的承诺。同样，英国 2019 年大选，保守党在处境艰难的北部和中部城镇赢得了大量传统上属于工党的席位，英国部分右翼人士表露出"复兴城镇"的新愿望。保守党专家戴维·斯凯尔顿主张"建立繁荣中心，重振后工业城镇，使其成为创新引擎"，以及"让被遗忘的城镇实现工业化复兴"，呼吁地方税收减免、技能投资、政府部门搬迁和为地方提供研发资金。[30] Onward 是一家后自由主义智库，它呼吁政府使用"科学、研发和技能支出吸引可再生能源和先进制造业等新兴行业的世界级公司聚集在（保守党的）新中心地带"，这意味着"打破传统涓滴式增长的经济模式，将发展目标转向城镇"。[31]

这类政策不一定不好。但在聚集的世界里，贫穷的小城镇一开始就处于明显劣势。它们必须逆流而上。目前尚无证据证明哪套政策是有效的。承诺扶助城镇的政治家很少考虑到持续投资的水平和所需的政治承诺。他们也没考虑到，尚无明确的记录显示其建议——广义的产业政策、地方税收减免和技能投资政策——对贫穷小城镇的扶助效果。

这并不是说我们对城镇发展无能为力，而是说需要一种更周密的方法：认识到不同类型的落后城市之间的差异，允许在必要时进行实验。

有了正确的定向投资，困难地区就可以从聚集效应中受益。

　　　　　　　　　　　　　　　　　　　　　　　　　　　　　　重启未来

交通拥堵和落后的公交系统使城市的功能落后于实际规模。我们看到，英国一些中型城市的生产效率远远低于其规模水平，如伯明翰、利兹和曼彻斯特。由于英国政府的资金分配方式不合理，相较于企业研发水平，这些城市的公共研发投资远低于人们的预期。对这些城市来说，相对简单的投资计划可能会有所帮助。

尽管某些落后城镇与繁荣城市相距不远，但联结性却很差。英国智库"城市中心"的研究表明[32]，城镇与城市之间便捷的交通可以让城镇受益。其他经济学家指出，某些特困城镇与城市已建立起紧密的联系，他们发现聚集效应在通勤时间超过半小时的情况下会大幅减弱。政治家经常提及需要经济援助的英国城镇，它们位于城区内（例如曼彻斯特市区的威根和奥尔德姆），至少这些城镇应该会从更好的城市政策中受益。我们应该确保适当的交通联结度，让其益处成为现实。

这些政策并不适用于所有城市。对于那些规模太小，无法产生聚集效应，无形资产投资不多的城镇，政策制定者必须考虑其他选择。一种可能是，将城镇打造成宜居之地，而不是承诺连政策制定者都不知道如何实现的生产率奇迹。威廉·克尔和弗里德里克·罗伯特－尼库指出，有些人从一个城镇搬到另一个城镇的理由很简单："威廉·肖克利因在半导体和晶体管方面的研究获得诺贝尔物理学奖，他搬到旧金山是为了离生病的母亲近一些。后来，肖克利半导体公司拆分为英特尔和超威半导体公司。同样，比尔·盖茨和保罗·艾伦从阿尔伯克基搬到家乡西雅图，也是为了离家人近些。"[33]这些例子表明，重要的是提供强有力的公共产品和家庭友好型设施，如低犯罪率、公园和有接生能力的医院。

在某种程度上，我们鼓励城镇生产率的增长。在缺乏明确可行模式的情况下，我们需要采取更具试探性和实验性的方法，比如，巴斯克自治区所采取的措施。

何处的无形经济得以繁荣发展？

西班牙巴斯克自治区经济的大繁荣和长足发展，部分归功于有着 60 年历史的蒙德拉贡公司。蒙德拉贡公司是一个工人联合会和商业集团，拥有银行、商店和制造业企业，雇员超过 7 万人。公司的合作组织使其成为左翼的典范。尽管其创建者是一位天主教牧师，但它基本上是一个充满活力的资本主义企业，与巴斯克以外的许多企业，包括超市，都有着激烈的竞争。它的成功在于对无形资产的重视。它投入巨资进行技术培训和研发，甚至开办了自己的学校和工人发展中心。蒙德拉贡的总体结构促进了投资溢出效应的内部化，产生了大城市享有的聚集效应。

蒙德拉贡模式已经发展了 60 多年。自 19 世纪末以来，巴斯克自治区一直是西班牙生产率和繁荣程度较高的地区之一。其经验表明，部分策略可供政府决策者效仿。特别是，如果无形资产之间的协同效应巨大，那么无形资产投资的公共资助政策能带来生产率增长。

另一个选项是社区财富建设，即通过地方政府采购和地方公共机构或社区机构（如社区银行、合作社和住房协会）鼓励地方经济发展。社区财富建设还包括很多"本地购买"服务，如公共住房维护。英国的北方城镇普雷斯顿采用了该模式，成为民主社会主义经济政策的典范，因此，该模式有时也被称为普雷斯顿模式。其作用类似于美国俄亥俄州克利夫兰的民主合作组织。支持者经常从道德和分配的角度倡导该模式，称它提高了工资，减少了不平等，预防了暴利。批评者则将注意力集中在它的保护主义特质上：如果外地供应商的产品或服务物美价廉，在本地购买肯定会浪费资金，有损价值。

对于社区财富建设是否有效或何时有效，我们尚无有力的实证观点。但是，从生产率的角度思考它为何起作用是很有意义的。普雷斯顿模式鼓励无形资产投资的方式值得关注。最突出的例子是培训，例如利用公共部门的合同提供学徒培训和技术技能培训。专注于社区财富建设的智库"地方经济战略中心"[34] 提供了另外的例子，比如，英国一个地方政府将社会保障服务重组为一种更有效的模式（对组织发展的无形资产投资）。也许在无形资产互补性投资方面，社区组织可以发挥促进作用。从无形资产的角度看，地方层面很重要，因为人们可以在地方层面进行有效协调，以解决无形资产的协同问题。

作为帮助贫困地区提高生产率的方式，这些模式需要更多的评估和实验。此外，由于不存在统一或可靠的成功秘诀，政治家对当地发展的预期必须符合现实，这一点很重要。

加速距离的消失

我们在前面的章节提到，新冠肺炎疫情提高了远程办公的频率，地理位置问题不会因此而消失，但可能有助于解决部分问题。员工的远程办公不会逆转"城市的优势"，但落后地区如果能够为远程办公者提供有吸引力的条件，就会削弱城市的力量，创造赶超机会。然而，居家办公会引发自身的制度问题，现在我们就来考察一下。

实现技术变革需要漫长的时间。工业电气化在新技术发明的几十年后才出现，这一事实就是例证，商业活动和工厂设计必须跟上变革的新可能性。根据阿玛拉定律，人们往往高估新技术的短期影响，却低估其长期影响。

同样，"距离的消失"很可能会改变游戏规则，挑战城市的主导地位，对通勤和职场社交产生更深层次的文化影响。在撰写本书时，我们正处在居家办公的深刻变化中，这是一次出乎意料的大规模实验。并非所有人都可以居家办公，但因为新冠肺炎疫情，2020 年夏，英国员工远程办公的比例为 47%。居家办公对日益依赖无形资产的经济会产生怎样的影响？

居家办公与办公室办公

至少有一部分员工很享受居家办公。[35] 居家办公可以免受通勤之苦，兼顾家庭责任，将同事的干扰降到最低，保持社交距离，甚至可以拥有更多的自由时间。从老板的角度看，既然员工都居家办公了，为空荡荡的办公室支付昂贵的租金有何意义？

不过，在办公室工作的价值确实很大。首先，你很可能从同事那里学到很多知识。在职培训对职场新手尤为重要。其次，居家办公会让员工承担特殊风险。雇主通常更难监控居家办公的员工的表现。如何才能让雇主相信他们一直在努力工作，而不是在海滩上休闲？可以签署一份绩效合同，但程序复杂烦琐，或许不可行，认知负荷较少的简单的解决方案是直接到办公室来。雇主要求员工上班，能确保员工在工作时间不会看电视或去海边。2013 年，玛丽莎·梅耶尔出任雅虎首席执行官伊始就禁止居家办公，她要求员工要么到办公室工作，要么离职。2021 年夏，苹果公司首席执行官蒂姆·库克宣布，他希望居家办公的员工在秋天重返办公室。

根据伊莎贝尔·索希尔和凯瑟琳·盖约特的一项调查，居家办公对生产率的影响好坏参半，这或许并不令人惊讶。[36] 在一家大型旅行社的一项实验中，呼叫中心的员工被随机分配居家工作。居家办公者的绩效提高了 13%，部分原因是每分钟通话次数增多，但主要原因是他们的休息时间和休假天数减少了。然而，实验结束后，居家办公者升职的可能性降低了。[37] 另一项针对知识密集型 IT 服务咨询公司的研究发现，新冠肺炎疫情期间居家办公会降低生产率。[38] 这些例子显示了不同行业不同岗位的生产率差异有多大。像接电话这类相对独立的工作，居家办公的效率可能与在办公室办公差异不大，而对于需要与他人互动的多任务工作，居家办公的效率可能会降低。

从 2020 年的实验中获得的一个确切经验是，居家办公需要工具、技能和规范。隔离的最初几周凸显出一些问题。员工需要计算机和宽带连接才能工作；他们需要软件（还记得 2020 年春，关于 Zoom 的安全性是否可用于世界各地的百万次商业会议的讨论吗？）；他们需要椅子、平坦的台面和工作场所（揭示了人们生活条件的不平等，这种不平等在办公室办公时并不明显）。

但另一些问题更难解决。企业如何让远程办公的员工有效地交换信息？如何复制办公室厨房或饮水机旁的闲谈？初级员工在接受培训时，与资深员工共处的需求有多大？如果像某些企业那样，员工一周只有几天在办公室，该如何发挥其作用？企业需要怎样的规则和规范？少数习惯于远程办公的企业已经制定了规范，但这些标准基本上不为人知，而且通常是针对特定企业的特定活动量身定制的（尤其是软件开发领域，其工作流和输出相对容易表示和远程共享）。大多数部门和行业正处于一个漫长的发现过程的起点。

曾几何时，工厂和办公室等传统工作场所在人们眼中是新奇的。企业不知道该如何有效地运行它们，工人也不知道如何在其中工作。但规范和规则很快就形成了，从打卡时钟到流水线，从办公椅到企业食堂或自助餐厅，都有大量的实用创新。在未来几年里，远程工作者需要进行同样的制度创新，否则就会令人失望地回到过去的世界——95% 的工作都在办公室进行。

上述问题都需要企业在监控员工和筛选新员工等流程上进行

更多无形资产投资，这些投资可能会提高"软技能"的回报，比如信任和可靠性。经济学家戴维·戴明记录了过去 40 年来，社会技能和其他非认知技能在劳动力市场的价值提升。事实上，自世纪之交以来，除了教育领域，认知技能（如智商测试）的价值（如果存在）已经下降。[39] 远程办公使软技能变得更加重要。

小结

随着无形经济的发展，城市的地位变得越来越重要。溢出效应和协同效应重要性的增强，促使人们迁入城市，而非远离城市。但地方选民可能会阻碍进一步的发展。更多的权力下放会更有效地完善地方设施。但城市的基本吸引力在于其提供的匹配可能性，距离的消失还不足以抵消这种强大的聚集力。

第 7 章

减少不良竞争

许多经济学家和政策制定者担心企业之间的竞争正在减退，呼吁重拾 20 世纪 60 年代和 70 年代激进的竞争政策，将技术平台等大企业拆分或国有化。我们认为这是错误的做法，因为企业的竞争变化不是政策驱动的，而是由日益增长的无形资产重要性驱动的。人们还忽视了竞争的另一方面：个体之间无意义的激烈竞争。缓解这种激烈的竞争应该成为教育工作者和政府的首要任务。

有人说，我们生活在一个垄断时代。批评者认为，标准石油公司或美国钢铁公司主导经济、为所欲为的时代或许早已一去不复返，但打开你的智能手机，那些闪闪发光的图标代表着一群垄断者，它们同样强大，地位稳如磐石。问题不仅仅在于万亿美元的技术平台。在大多数国家和行业中，利润最高、效率最高的公司和落后公司的差距在加大，许多经济学家和政策制定者为此困扰不已。

解决企业间竞争加剧的问题需要新制度。过去10年，人们提出了大量有关制度的意见，其核心观点有两个。其一，40年来，竞争政策一直在错误的轨迹上发展，现在到了自食其果的时候。其二，科技公司对竞争激烈的市场构成了严重的新威胁。

针对竞争政策的失败，人们提出最多的补救措施是回归20世纪60年代和70年代的反垄断原则，尤其是当企业拥有极大的市场份额时，更要加以干预。该观点的支持者有时自称"新布兰代斯主义者"，他们是以20世纪初反垄断的最高法院法官路易斯·布兰代斯的名字命名这个称谓的。批评者认为，他们的运动有"回到未来"的意味，将其称为"愤青式反垄断"。

上述反垄断观点并不正确（尤其是在数字领域），却得到了广泛的支持。2019年美国众议院司法委员会对数字市场的调查就是一个著名的例子。[1] 它呼吁更强大的反垄断法，包括拆分居主导地位的平台、引入数据可移植性要求和禁止滥用优势议价能力。拜登总统任命调查顾问、法律学者莉娜·可汗为联邦贸易委员会主席。2019年，在美国经济学家贾森·弗曼的带领下，英国对数字竞争进行了特别审查。欧盟对数字竞争也有同样的担忧，出台了《数字市场法案》，该法案特别关注大型互联网平台，试图监管和限制其市场塑造能力。2020年10月，欧盟专员玛格丽特·维斯特格将数字平台描述为："对生活产生巨大影响的守门人。它们会影响我们的安全——平台上的危险产品和有害内容是否会广泛传播，能否被快速清除。它们会影响我们的机会——市场是否响应我们的需求，或者平台是否只为其自身利益运作。它们甚至有权引导政治辩论，保护或破坏民主。"[2]

在这一章我们认为，在无形资产推动经济增长的世界里，我们需要进行不同类型的制度改革。我们的论点包括以下几个部分。首先，如果不考虑无形资产日益增长的重要性，就无法正确理解企业竞争的大幅减弱。当考虑到无形资产的影响时，市场力量不断增强的表象被证明是虚幻的。比如，加价上升、国家层面上某些市场的高度集中。有些现象是真实的，但它们是资本性质和管理哲学基础发生变化的共同结果。其次，无形资产丰富型企业给监管机构带来了不同的挑战，要求它们更专业。许多"愤青式反垄断"的倡导者都支持这一观点。最后，虽然反垄断通常针对企业竞争的减弱，但我们认为，应重点关注员工之间竞争的加剧（员工在毕业学校、工作和地位等方面的竞争）。我们认为，该现象在很大程度上是由无形资产的重要性不断增强造成的，它增加了员工之间零和竞争的风险，以及在不必要的学位、无意义的文凭上的不当投资风险。目前的制度对这一趋势几乎毫无对策，解决该问题是当务之急。

关于竞争减弱的普遍观点

首先，我们回顾一下关于企业竞争问题的标准论点。经济学家托马斯·菲利蓬在其重要研究中对此进行了清晰阐述。图 7.1 显示了自 2002 年以来的跨国证据。集中度（顶级公司的份额）是全世界竞争专家使用的衡量标准。如果市场上相互竞争的公司很少，大多数经济学家就会开始担心。这种现象通常与价格和商品种类的竞争减少以及创新动力减弱有关。

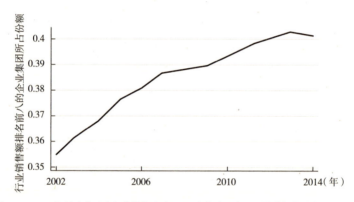

图 7.1　2002 年以来前八大行业的集中度：13 个发达国家行业销售额排名前八的企业集团所占份额

注：这些国家是比利时、丹麦、芬兰、法国、德国、希腊、意大利、日本、葡萄牙、西班牙、瑞典、英国和美国。行业包括两位数的制造业和非金融市场服务。集中度是通过前八大企业集团在各国每个行业销售额中所占的份额来衡量的。该图显示了国家—行业（未加权）平均集中度的变化。

资料来源：巴伊加尔、克里斯库奥洛和蒂米斯，2020。

与此相关的现象是经济学家所说的加价上升，即生产一种产品的边际成本与其售价之间的差额。简·德洛克和简·埃克豪特[3]进行了一项有影响力的研究。研究表明，自1980年以来，美国和欧洲的加价一直在稳步上升（图1.5总结了加价的全球趋势）。这是经济学家面临的另一个危险信号：在竞争激烈的市场中，我们不会期望加价持续上升，因为消费者会不加思考地购买价格较低的竞争对手的产品。

竞争不足的其他表现是什么？许多经济学家认为，利润在经济中所占的份额有所上升，特别是在美国。此外，由经合组织官员基娅拉·克里斯库奥洛领导的团队进行了一项有影响力的研究。研究发现，自2001年以来，领先企业与落后企业之间的差距在稳步加大。[4]（见图1.4）

对许多经济学家来说，领先企业与落后企业的长期差距似乎是竞争问题的另一个表现。毕竟，竞争的特征在于，只有拥有最佳产品的公司才能在市场中胜出。但最佳产品是不断变化的，经济学家约瑟夫·熊彼特称其为创造性破坏："创造性破坏的过程是资本主义的基本事实。"[5]在运行良好的市场中，我们预计落后企业要么退出市场，要么随着产品质量的提高取代领先企业。

有人认为，现代经济中的竞争还存在一个问题，即某些新公司具有强大的企业集团性质。亚马逊最初只是一家书商，现在它制作电影、销售网络托管服务；谷歌已从搜索引擎转向在线广告、电子邮件服务和无人驾驶汽车。这种日益集团化的经济性质让人想起了20世纪60年代的产业结构，当时大型企业集团主导了许多行业。故事的结局并不好：企业集团行动迟缓，效率低下，它们中的大部分最终被市场力量击败。

总之，许多人认为，集中度的提升、领先企业与落后企业差距的加大，以及企业集团化的趋势，都表明竞争乏力。他们认为，竞争不足会造成许多不良经济后果：低创新、管理混乱、就业问题、寻租以及客户投诉无门的不满。

无形资产对企业竞争的影响

我们认为，无形资产的增加为竞争提供了另一种解释。

首先，考虑集中度的提升。重点考虑国家市场和地方市场集中度之间的差异。对许多商品来说，国家集中度的重要性远远低于地方集中度的重要性。设想有两个不同的国家，甲国没有连锁超市，每个城镇都有一家独立超市；乙国有两家连锁超市，它们在每个城镇都有一家连锁店。甲国的每个独立超市都可以像当地的垄断者一样行事，因为很少有人会去其他城镇购物。乙国的国家集中度会高很多，但可能会更受顾客欢迎，因为每个顾客都有两家超市可供选择，而且它们在价格和品种方面可能会有更激烈的竞争。

谢长泰和埃斯特班·罗西－汉斯伯格的研究考察了自1977年以来美国地方和全国集中度的差异。他们得出的结论是，国家集中度上升，地方集中度下降；拉尼尔·本卡德、阿里·于吕克奥卢和安东尼·李·张也有同样的发现。[6] 谢长泰和罗西－汉斯伯格指出，其原因很大程度上源自无形资产："基于ICT（信息通信技术）的技术和新管理方法的采用，使制造业以外的企业能够在许多地区进行规模化生产。"[7] 换言之，由于无形资产的扩展性，拥有宝贵无形资产（如流行品牌、强大的管理方法或独特的产品）的服务性企业可以广泛分布于当地市场。如果这听起来很抽象，那么想想国内和国际零售连锁店，它们在品牌、软件（用于库存控制、客户忠诚度计划和电子商务）、与供应商的关系（"快时尚"的秘密武器）和新产品开发方面投入了大量资金——所有这些都是无形资产投资。想想酒吧连锁店 JD Wetherspoons，想想从成功的独立餐厅迅速发展起来的中端市场连锁店，想想飒拉（Zara）和宜家。很多连锁店的商业模式依赖无形资产，大多数独立商店却不依赖无形资产。这些连锁店会有更激烈的本地竞争，但这并没有体现在全国数据中。

经合组织的马泰·巴伊加尔、基娅拉·克里斯库奥洛和乔纳森·蒂米斯研究了集中度变化和无形资产密集度之间的相关性，他们的工作也证实了上述观点。[8] 正如我们在第 2 章看到的，集中度的提升发生在无形资产最密集的行业。关于加价和利润，我们在第 1 章和第 2 章了解到，考虑到公司资本中的无形资产，美国公司的加价和总收益率大致是不变的。企业利润率的增长至少在一定程度上是由于使用了错误的分母，忽略了企业投资的资本存量中日益重要的那部分。

我们在考察利润时看到了类似的情况。测量利润很难。利润是衡量资本回报的，因此，人们会自然地将目光投向衡量薪资（即劳动报酬）和利润的国民账户。图 7.2 显示了"未调整"利

润占 GDP 的比例，表明无论是在美国还是其他国家，利润份额
都有所上升。

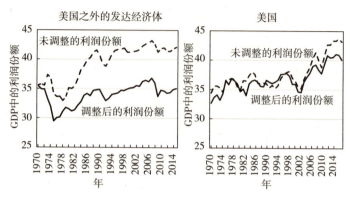

图 7.2　美国国内外利润份额
注：未调整的曲线包括公司拥有的房产；调整后的曲线不包括这些房产。

资料来源：古铁雷斯、皮东，2019a。

　　格尔曼·古铁雷斯和索菲·皮东深入研究了这些数据，发现
了不同的情况。[9] 国民账户将 GDP 分为工资、利润和对个体经营
者的支付（实际上是工资和利润的混合）。利润是由公司的纳税
申报表来衡量的。利润的变化至少有两个原因。首先，如果个体
经营者的数量或待遇发生变化，利润就会随之变化。其次，国民
账户将建筑物视为资产，这是意料之中的，因为建筑物是资产服
务的长期来源。建筑物包括商业建筑和住宅，即民居。英国的住
宅占总资本存量的 40%。然而，事实证明，许多公司拥有房产。
如果一家商业公司拥有房产，那么其回报就是商业利润的一部
分。古铁雷斯和皮东发现，在美国以外，许多房屋被归类为"公
司"。事实上，欧洲近 20% 的非金融企业资本存量是住房（相比

之下，美国只有 1%）。当把"利润"作为企业竞争的衡量标准时，我们当然想去掉这方面因素。正如图 7.2"调整后"的曲线所示，美国在调整前后几乎没有什么区别：工资所占的比例一直在下降，利润一直在上升。但至少在美国以外，利润份额一直保持稳定。

最后，关于领先企业和落后企业日益扩大的差距，能否以大企业扩大规模和利用协同效应的能力来解释？卡罗尔·科拉多及其同事发现了与该提议一致的证据。[10] 在图 2.4 中，在控制了大量其他因素后，无形资产密集型行业的生产率离散度越来越大，这表明无形资产是生产率离散度的主要驱动力，这与萨姆·佩尔茨曼的观点一致。[11]

所有这些发现意味着，无形资产有助于理解企业间的竞争危机，体现在以下三个方面。第一，将无形资产纳入市场力量的衡量标准（如加价），会减少或消除数据中显示的市场力量的大幅增长。第二，无形资产丰富型国家在新地区开设连锁店，无形资产的重要性日益增强，导致地方竞争加剧，而全国竞争衰退。第三，集中度的提升似乎发生在无形资产密集性最强的行业，这表明无形资产赢家通吃的特点可能是原因所在，而不是竞争政策不利的外部因素使然。

无形资产引发的竞争新问题

截至目前，我们的观点表明，无形资产为企业竞争提供了乐观理由，否定了"愤青式反垄断者"的担忧。遗憾的是，事情并没有那么简单。无形经济更难监管，需要改变执行竞争政策的制度。

在无形资产丰富型经济体中，竞争是如何影响价格的？数字经济与无形资产的重要性与日俱增（回想一下，无形资产包括软件和数据库等）。人们猜测，线上竞争可能以不同的方式运作。毕竟，只有聪明人才能从互联网提供给用户的信息中受益。竞争带来了供应的多样化，利用这种优势的人是赢家，没有能力或手段寻到廉价交易的人肯定会吃亏。

这一逻辑需要仔细梳理。教科书上基本经济学模型展示的是完全相反的情况。实际上，精明的顾客将低价购买的益处惠及所有人。要了解其中原委，先考虑一下当地超市的牛奶价格。如果你向人们询问牛奶的价格，大多数人都无法给出准确的答案。许多政治家在进入采访室之前，都会得到一份牛奶价格简报，这是采访者可能会问到的标准问题，目的是让他们难堪。（英国4品脱[②]牛奶约为1英镑；美国每加仑[③]牛奶约为3.59美元。）人们对

---

② 1品脱（英）=5.682 6分升。——编者注
③ 1加仑（美）≈3.785升。——编者注

牛奶价格普遍不敏感是否意味着超市可以随意涨价，因为不知情的顾客不会注意到差异？不一定。假设部分顾客确实了解价格差异，如果超市提高了牛奶价格，他们就会去别处购买，或者去其他超市，或者打开其他网站。如果这些精明的顾客达到一定数量，超市就会明白，提高牛奶价格会赔钱。损失额取决于需求对价格的反应。事实证明，不需要太多的"边际客户"就会让涨价无利可图。例如，假设可变成本的典型加价为50%。即使在价格上涨5%后仍能留住85%的客户，涨价也是无利可图的。

涨价的后果很重要。当15%的顾客对此做出反应时，牛奶价格就会保持在较低水平。85%的顾客要么不了解牛奶价格，要么根本不在意，但他们从15%的主动顾客那里获得了好处。因此，竞争不仅惠及精明的顾客。少数人的行为给所有人带来了低价，这支持了教科书中预测竞争会带来普遍利益的模型。

另一个例子是酒店的迷你吧。[12]迷你吧的收费非常高，似乎是掠夺饥渴顾客（或自控力较差的顾客）的最好例子。但要记住，酒店为所有人提供迷你吧。酒店如果认为至少有一部分客人会在迷你吧购物，就会降低客房的基本价格，吸引更多客人光顾迷你吧。因此，酒店最终会为所有人降价，而不光顾迷你吧的客人从不敌诱惑的客人那里获得了优势（后者可能在任何情况下都有充分的理由为客房提供的冷饮支付溢价）。机场的行李托运费也遵循类似的原则。那些不承担这些成本的精明的乘客，会从付费者那里获益。

然而，如果每个人都以不同的价格付费，情况就不一样了。

如果超市能够策划价格变化，向价格敏感型顾客提供低价格，向价格不敏感型顾客提供高价格，那么即使在竞争中也可能成功提价。但该策略很难实施。首先，超市必须了解价格敏感型和价格不敏感型顾客的目标群体，所掌握的价格敏感度信息不仅是牛奶价格，还包括肉类、面包和超市储存的数千种其他产品的价格。其次，超市必须找到一种细分市场的方法，仅对响应性强的群体提供低价。在互联网出现之前，优惠券正是为这一目的设计的。敏感型顾客剪下优惠券，获得不敏感型顾客没有资格获得的降价，超市因此能够细分市场。但这是一种不准确的细分方法，虽然优惠券持有者显示他们是敏感型顾客，但优惠券通常不反映顾客的购买历史。

互联网时代更容易实现市场细分。商店（尤其是在线商店）从在线账户或店内购买的会员卡中获取顾客的详细信息，包括购物习惯、对价格的反应以及其他合同细节。因此，对市场细分策略至关重要的信息成本似乎已降低，这引发了一个有趣的假设。早些年，个性化定价和市场细分较少，大量不知情顾客在无意中受益于知情顾客的行为。就价格而言，那时我们真是同舟共济。随着互联网的普及和经济信息的增多，情况彻底改变了。商店可以为特定顾客提供优惠。如今，顾客面对的是数字经济带来的注意力冲击，不知情顾客无法从知情顾客那里获得任何好处。在数字市场中，我们肯定不是同舟共济的。

寻找大量"个性化"定价的证据比想象中要难。婚恋网站是一个典型领域。德国消费者组织 WISO 在 2016 年发起的一次神秘购物活动中透露，一家婚恋门户网站使用了个性化价格细分，即为不同客户提供不同价格。德国大型在线约会服务提供商Parship 称，自 2001 年以来，网站促成了 5.5 万段恋情。它使用详细的注册问卷来确定客户每月的会员费。除其他特征外，会员费还因工资而异。虚构年薪 10 万欧元的女性测试者，每月会员费为 44.93 欧元，虚构年薪 1.5 万欧元的测试者，每月会员费为 30.02 欧元。收入同样较低的男性客户每月会员费仅为 26.45 欧元，低于女性客户。

尽管 Parship 大量使用个人信息进行个性化定价，但更常见的做法并不复杂。经济学家埃尼克·汉纳克及其同事[13]记录了几个案例，其中某些公司从买家使用的计算机类型推断出更强的支付能力。例如，研究人员发现，对美国在线预订门户网站 Orbitz 同一房间的房费，苹果计算机用户的支付价格比个人计算机用户高出 30%。美国大型办公用品供应链 Staples 根据其在线购物者的位置收取不同的价格。搜索工作也能带来差异，例如，用户使用 Google Flights 多次搜索航班，总会支付更低的费用。

价格引导类似于个性化定价，它改变了搜索结果的顺序，根据零售商掌握的客户网站访问信息来呈现搜索结果。比如，网飞向用户发送内容的方式就是一个例子。随着时间的推移，网飞了解了用户偏好，随着用户访问次数的增多，能更精准地推荐个性化内容。

无论这些做法是否普遍，干预此类市场的理由和有效性都非常复杂。采取措施提高竞争力通常有益于所有客户。但许多人建议干预此类市场，比如监管迷你吧的价格。干预并非改变所有价格，而是改变价格结构。对那些想喝点儿饮料或吃点儿零食的顾客来说，限制迷你吧的价格可能有益，但如果为了弥补迷你吧的利润损失，价格水平总体上涨了，就会损害其他顾客的利益。迈克尔·格拉布和马修·奥斯本研究了美国联邦通信委员会 2013 年实施的"账单休克"法规。[14] 手机用户超过分配的通话时间会收到巨额账单，针对这一情况美国通过了一项法规，要求移动运营商向即将超过短信／通话限制并因此产生"超额"费用的用户发送短信提醒。事实上，这项法规确实减少了产生超额费用的用户数量。但模式显示，在市场其他领域参与竞争的运营商通过提高所有人的收费标准重新获得了利润。总体而言，用户的境况变得更糟了。我们从中得出什么结论？改变价格结构的干预措施存在很多问题，需要谨慎权衡。

此外，在有些情况下，差别定价对企业和客户都有好处，无形资产密集型企业尤为如此，其产品（如软件、数据、音乐或视频游戏）具有固定成本，但边际成本几乎为零。为这类企业定价很棘手，需要找到一种覆盖固定成本的方法。一种方法是允许企业向不同的客户收取不同的价格（通常针对不同的版本收费：例如多人手机云视频会议软件 Zoom 的免费和付费项目）。以视频游戏市场为例。在该市场上，销售、交易、捆绑销售等可能会帮助公司为不同类型的客户设定不同的价格（最值得注意的是，为愿意等待的客户和不愿等待的客户设定不同的价格）。与设定统一的高价来覆盖固定成本的情况相比，差异化定价可能会增加游戏销量，这意味着更多的客户会以他们愿意支付的价格购买游戏。

另一个问题与如何鼓励商业活力有关。竞争政策中出现了一种受欢迎的趋势，即不再监测简单的集中度指标，而是确保新公司进入市场的可能性。随着无形资产重要性的增强，这一点尤其重要，因为对无形资产丰富型大企业的威胁往往来自新创公司。但在无形资产密集型企业的世界里，确保市场准入的难度更大。正如我们在第 2 章看到的，无形资产往往是异质的：创意、品牌、运营流程通常各具特色。这种异质性的后果是，无形资产丰富型企业用来保持竞争优势的策略（沃伦·巴菲特称为围绕其商业模式的"护城河"）也是多种多样的，通常需要定制分析。

本书作者之一曾从事英国政府的知识产权政策研究。当时一个有争议的问题是，在线平台与音乐视频和体育版权等内容所有者之间的竞争。广义上说，这是一个有关竞争和市场主导的问题，但细节非常具体。例如，YouTube 等内容平台应该以多快的速度下架盗版内容？（该问题的答案很重要，因为要求平台删除违规内容的速度越快，用户获得长期非法内容"后备军"的可能性就越小。这反过来削弱了平台与版权所有者就观看收益进行谈判的地位。）该问题不是通过正常的监管程序解决的，而是两个政府部门经过多次谈判解决的，这一点不足为怪。

另一个问题是并购。批评者谴责脸书收购跨平台移动消息公司 WhatsApp，理由是收购可能会阻止未来的竞争。但是，被另一家公司收购或许是无形资产密集型企业创业的唯一途径，尤其是当它们通过传统渠道难以融资时（见第 5 章）。

有关无形资产密集型企业市场主导地位的问题不计其数，需要监管机构加以解决，这些例子只是其中的一部分。每个问题都有其自身的技术挑战，而且很难通过基于规则的程序来解决。基于规则的程序评估的是以实体资产为主的无关联行业的市场优势。重要的一点是，人们认为这些政策问题通常不属于竞争政策或反垄断政策的范畴。许多监管问题都会影响企业活力。企业活力如果要成为竞争政策的一个更重要的杠杆，就需要更广泛的政府能力。

无形经济中的竞争监管机构

无形经济中不同类型的市场主导地位问题，以及在线平台改变边际客户对定价决策的影响方式，都对管理竞争的方式产生了影响。我们的指导原则仍是为客户谋福利，确保市场的竞争性，这仍是保护客户的重要手段。然而，了解各种新的商业模式、市场准入动态，以及数字技术对定价的影响，需要管理者掌握大量知识。

经济学家约翰·芬格尔顿提出了两个有趣的建议。首先[15]，"n+1"监管机构可能涵盖经济中的所有行业，旨在支持具有创新商业理念的新公司，而这些创新理念是现有法律或法规无法容纳的。"n+1"意味着监管机构对在行业既定市场框架中不适用的全新商业模式负责，比如，"n+1"监管机构可能会关注点对点金融业务或远程信息处理的车险，二者都面临监管挑战。有些新企业的商业模式与现有法规相冲突（比如，下一个优步模式），芬格尔顿的建议是，监管机构向它们发放五年期许可证，无论是否违反现有法规，都允许它们在此期间运营。监管机构要求这些企业购买责任险。在某些情况下，如果私企不为创新业务投保，监管机构可能会提供一定范围的保险。

医疗保健领域已采用了该方法，在某些情况下，可以进行未经监管部门批准的治疗。金融科技领域也在某种程度上使用该方法（金融和技术交叉领域的创新）。监管机构要承担两项责任：（1）允许受到监管阻碍的创新公司进入市场；（2）负责与行业监管机构谈判，以改变规则，使创新型新公司能够长期运营。这种方法符合我们之前的框架。它解决了制度改革中的集体行动问题，也就是说，许多私企可能想要改变法规（例如，阻止企业进入的法规），但并没有从改变法规的努力中受益。[16]

此外，芬格尔顿建议，我们可以改革行业监管，让行业监管机构处理经济活动而非行业问题。例如，管理所有公用设施而不是每个公用设施的接入费。人们担心，专业监管机构可能会被其监管的行业绑架，改革后的行业监管可能有助于避免这种担心。它还会提供一个论坛，思考如何监管无形资产密集型平台业务（如食品配送公司等）。强制开放公用事业网络是否也适用于外卖递送服务平台 Deliveroo 或优食（Uber Eats）等网络？这类评估需要专业知识。

我们对无形经济，尤其是数字经济中的大量竞争问题持谨慎态度。有时监管机构通过干预市场来鼓励竞争，从而改善市场的总体功能，鼓励企业竞争和进入市场。在其他情况下，它们只干预部分市场（通常是在政治家游说之后）。围绕价格结构而非一般市场运作的干预可能会产生无法预见的后果。正如我们在"账单休克"案例中看到的，此类做法可能适得其反。

此外，我们认为无形资产视角有助于更好地评估某些政策问题。如果大公司的规模和协同效应能让客户受益（该现象在数字经济中很普遍），比如提供丰富的网络，或者间接鼓励有并购可能性的进入者，那就是一件好事。亚马逊这类公司的解体可能会破坏协同效应和规模，最终使客户蒙受损失。这种可能的结果是否意味着我们也许会在数字空间无所作为？

不一定。首先，大型搜索引擎如果主导数字广告市场，可能会造成危害。在这种情况下，应在特定市场采取行动（即便如此，也必须纠正昂贵的广告宣传对经济的"危害"）。其次，竞争主管部门不应将无形资产视为缺陷，而应将其视为一种特征。在线比价网站的广泛使用就是一个鲜明的例子。英国竞争和市场管理局（CMA）统计，85%的英国网上用户使用在线比价网站，该群体分别占住宅保险和汽车保险销售的40%和60%。[17] CMA数字竞争工具的调查发现，64%的用户在购物时使用多种比价工具。确保这些网站之间的充分竞争可以高效利用有限的监管时间。最后，竞争监管机构需密切关注数字经济中其他措施（如隐私）带来的意外竞争后果。[18]

很多人倡导强化反垄断规则，与之相比，制度改革没有那么引人注目。有些人可能会认为制度改革毫无意义，因为它涉及对监管机构技能的投资，而这从来都不是引发政治辩论的话题。在许多情况下，制度改革与竞争监管机构几乎毫无关联。关键点是，无形资产密集型企业拥有强大的规模经济，暂时占据市场主导地位，此时最好的武器是新创公司。确保创新型新公司有公平的机会进入市场，取代今天的垄断者，比使用传统的反垄断指标和工具更有效。

无形资产与激烈的竞争

我们来关注一下当今经济中的另一种不良竞争：员工之间竞争的加剧。无形资产在经济中日益增加的重要性加速了这一趋势，带来了自身的制度挑战。但与企业竞争问题不同，它获得的政治关注度很低。

用法律学者丹尼尔·马科维茨的话来说，"今天的精英职场崇拜极端的技能和努力。超级技能（以及提供和彰显技能的教育和学位）变得越来越重要，拥有超级技能不仅是为了确保获得高收入和高地位，也是为了避免低收入和低地位"。[19] 激烈的竞争不仅影响精英，许多从事低薪服务业的员工也受到越来越多的监督，他们被迫遵守工作纪律，因怠工受到惩罚。然而，高地位和（或）高技能工人更有可能在激烈的竞争中取胜，获得不成比例的回报。

大量奇闻逸事反映出激烈竞争（尤其是在教育领域）的普遍存在。2019 年，联邦调查局的"买进名校"行动发现，华尔街和好莱坞名人通过贿赂官员和伪造考试成绩，花钱让自己的孩子进入大学。[20]据报道，纽约富裕家庭花重金让孩子进入名牌学前班和幼儿园，这样，孩子进入名校的机会就非常大，他们将继续为此支付更昂贵的费用。

学术研究还记录了各种学业失败对人生的巨大影响，这无疑增加了父母和孩子的压力。此类现象平淡无奇但同样引人注目。经济学家斯蒂芬·梅钦、桑德拉·麦克纳利和珍妮弗·鲁伊斯－巴伦苏埃拉[21]进行了一项研究，调查英国学生在普通中等教育证书（GCSE）英语考试中未达到 C 级的后果。普通中等教育证书是英国所有 16 岁学生参加的一项外部评分考试。分数范围为 0 到 300 分，学分以字母 A 到 U 的等级表示。梅钦、麦克纳利和巴伦苏埃拉对分数在 C 级线上下（10 分以内）的学生进行了比较，发现他们的后续成绩截然不同。那些未过 C 级的学生获得更高学历的概率要低得多，辍学的概率则高得多。他们在 18 岁辍学的概率上升了约 4 个百分点。与 12% 的全国平均辍学率相比，这是一个很高的数字。[22]这些结果得到雇主调查的支持。2013 年的一项调查显示，GCSE 成绩是雇主招聘的重要捷径：在接受调查的招聘者中，43% 的人用 GCSE 英语和数学成绩作为筛选指标。[23]招聘经理不会看到成绩低于 C 级的申请人，无论申请人的其他成绩如何。这与阿西莫格鲁报道的 20 世纪 60 年代福特的蓝领招聘做法截然不同。福特公司的一位经理说："我们如果需要招人，会到工厂等候室看看外面是否有人。如果那些人看起来身体健康，不像是酒鬼，他们就被录用了。"[24]

在某种程度上，激烈的竞争是无形资产增长的一阶后果。无形资产包括软件和管理系统，无论是亚马逊仓库还是公司律师事务所，企业利用它们跟踪员工的绩效，奖励表现优异的员工，惩罚表现不佳者。另一方面，无形资产允许才华横溢的员工施展抱负、创造价值，让顶级足球运动员、量化交易员或工业设计师获得更多的回报。因此，在无形资产密集型社会中，竞争的加剧就不足为怪了。

无形资产的一阶效应造成的不平等是显著的，但在某种意义上，这种不平等尽人皆知，可以通过熟悉的政策和制度加以解决。围绕税收的再分配、最低工资法和就业权利的争议从未间断，但就制度而言并没有什么创新。从某种程度上说，巨大的回报激励着人们发展实用技能，这带来了积极影响，比如通过考试能说明学生在某方面的能力。

但马科维茨的观点揭示了无形资产丰富型经济的二阶效应，该效应并不明显。马科维茨认为，现代职场不仅重视技能，更"崇拜"技能。教育和学位之所以有价值，不仅在于它们能传授技能，还因为它们能"彰显"技能。换句话说，无形经济可能会奖励经济学家所说的人力资本信号：获得资格证并非因其本身有价值，而是因为它是证明员工技能的可靠方式。

信号很重要，因为雇主很难区分高技能员工和低技能员工。

获得大学学位等精英资格很有价值，它不仅表明员工具备有价值的技能，还是一个可靠的信号，表明未来的员工勤勉认真、天资聪颖。

为了彰显信号的可信度，必须付出高昂的成本——无论是金钱，还是获取信号所需的时间和精力，否则任何人都能得到。这导致一个问题，花费 1 美元或 1 小时的工作来获得一种有用的资格证，不仅为持证人创造了价值，也为整个经济创造了价值，因为其生产率提高了。这是一个正和博弈。相比之下，以同样的金钱或时间获得一种资格证，其唯一的好处是发出信号，那就是另一回事了。它为持证人带来了回报，但没有产生创造附加价值的技能，只会让他们得到一份别人已有的工作。这充其量是一种零和投资。

遗憾的是，在典型的教育交易中，参与者没有强烈的动机分辨真正的人力资本形成和信号传递的区别。雇主不在乎学位和证书为何有用，只要它们有用。有人问约翰·保罗·盖蒂为何选择有古典文学学位的人来经营他的公司，他回答，"因为他们卖的石油更多"——希腊语和拉丁语在石油行业是否有用，或者有才华的人倾向于获得古典文学学位，都与他无关。同样，员工只关心个人回报。就连学校、大学和培训机构也有着复杂的动机。一方面，它们可能有强烈的内在动机确保教学的严谨和名副其实。另一方面，它们不愿深入探究自己提供的利益的本质，这会让其存在变得多余。

更重要的是，教育机构要提供真正的人力资本形成可能并不容易，即使它们有这个意愿。保罗·刘易斯是一位研究高级技术技能的政治经济学家，他采访了英国数十家高科技公司的员工。[25] 他们说，即使是善意的教育机构也很难为技术人员提供适当的技能。无形资产（如研发与工人技能）之间的协同效应往往难以实现，需要教育提供者和雇主密切互动（以学徒制或在职培训的形式加以整合）。

如今，技能回报率很高且不断上升，但判断人才的能力并不完善，学院和大学很难预测雇主的需求，信号的繁荣既在意料之中，也有证据证实。人们注意到，很多工作都要求有大学学位，而以前从事这些工作的都不是大学毕业生。曾经招收本科毕业生的名企现在只选择有硕士或博士学位的应聘者。这些变化可能是技能提高的真实写照，也可能不是。特别是在美国，过去许多不需要资格证的工作现在需要资格认证或从业许可证[26]，此举表面上是基于技能和安全考虑。如今，英国毕业生的工资溢价下降：相较于未受过大学教育的人，1970 年出生的大学毕业生享有 19% 的平均工资溢价，而 1990 年出生的大学毕业生只享有 11% 的平均工资溢价。越来越多的工作需要通过学位来筛选潜在员工，可能有助于解释其中的原因。

教育信号存在的证据有多少？布赖恩·卡普兰一直支持的观点是：美国大学毕业生的工资溢价在很大程度上与信号有关。他的主要论点是，在毕业前一年辍学会带来巨大的工资损失，但多出的一年似乎不太可能提高生产率，以证明工资上涨是合理的。[27] 因此，毕业身份是一种信号，而非生产率。诺厄·史密斯认为，能通过高难度的考试足以证明工资溢价是合理的。此外，他认为，公司在雇用员工时可能会了解他们的技能。如果受过教育的员工生产率低下，那么随着公司对其实际能力的了解，教育的高回报率就会下降：如果 GCSE 考试不及格的学生长期表现较差，那么他们的失败必然会传达出其生产率的实际信息。[28] 卡普兰反驳了美国的证据，即雇主能快速了解受过大学教育的员工，但对未受过大学教育的员工了解得非常慢。[29] 在一项针对美国高中毕业生的研究中，彼得·阿西迪亚科诺、帕特里克·拜尔和奥雷尔·希兹莫认为，高中毕业生即使工作了 12 年，雇主也不了解他们潜在的生产率属性。[30]

当非认知技能变得更重要时，雇主对员工的了解难度就更大了。如果非认知技能被应试教育掩盖，雇主可能会更注重学生的背景，从而扩大了浪费信号传递的范围。

解决方案之一是更好地运作教育市场。如果学生付费投资教育，那么无论是公立学校还是私立学校，都会竞相提供能真正提高就业能力的课程，向学生传授有用的知识。该理念是英国高等教育改革 30 年来的主要推动力。在此期间，英国的大学教育体系已经发生改变，从完全由国家资助（大学限制学生人数，仅招收考试成绩最好的学生）转变为由政府提供较高的学费和补贴贷款。政府拥有不同学科毕业生未来工资的详细数据集、结构和排名，可以向未来的大学生提供这方面的证据。当然，美国的教育体系在这条路上走得更远，大多数学生为支付学费背上沉重的个人债务。

很多文章都探讨了大学制度市场化的利弊。批评人士认为，这是一种简化主义，加剧了不平等，忽视了教育的价值，使教育无法转化为更高的毕业生工资，而且许多评估课程和大学的指标在统计上都不可靠。但对于如何阻止信号浪费的问题，争论双方似乎都没有给出多少答案。简化主义者的目标是激励未来的大学生，让他们只选择高回报的课程。即使市场改革完全实现了这一目标，也存在一个问题：学生作为个体，根本不关注这种回报来自真正的人力资本形成（也就是说，学习真正有用的知识和技能），还是作为信号表示他们比别人更聪明、更认真。

另一个小改进是扩大补贴范围，使其不仅仅覆盖大学教育。有人担心，大学在英国教育系统中的分量过重。2021 年，英国政府宣布将贷款补贴扩展到职业教育，这一举措受到担忧者的欢迎。[31] 美国的大学批评者指出，像 Lambda 这种短期在线编程学校是未来的理想模式。他们暗示，年轻人以这种方式接受高等教育会更有利。

但这条路也有风险。英国出现过自由教育市场，学生可以获得廉价贷款，但这段经验并不令人欢欣鼓舞。2000 年 9 月，政府推出了"个人学习账户计划"，这是一笔供 19 岁及以上的成年人使用的教育资金。教育机构可以招生，从注册学生那里获得学生账户，然后向政府申请学生津贴。为了鼓励教育机构加入，政府允许任何机构招生。许多新"机构"招到了学生并获得了补贴。由于担心虚假机构拿走这笔钱，该计划仅仅实施了 15 个月就被取消了。后来发现 13 家机构注册了 1 万多个账户。因缺少报告，政府当时并未察觉这一事实。[32]

真正的问题是，教育和培训管理机构很少抵制证书制度和信号传递。在很大程度上，政府政策倾向于提供更多的教育，却较少考虑如何处理信号问题。人们认为，教育机构、雇主和学习者都有强烈的动机来确保教育的效用。但是，正如我们看到的，三者都缺乏动机选择真正的人力资本形成，而不仅仅是信号。此外，针对该问题的政策制定也是困难的。政府很难区分产生真正技能的学位或资格，以及仅仅作为信号的学位或资格。政府能做的最多是大范围推广科学和数学学位（这可能涉及更多的人力资本形成，但也可能涉及信号传递），或关注学生收入。这些措施也可能是信号传递的结果。

我们认为，决策者需要投入时间和资金来研究该问题。我们如果搜集更多数据，进行更多实验，就可以更全面地了解高等教育，了解哪类资格证会产生真正的价值，而不是在传递信号。我们希望，掌握相关信息的政府能发出更严肃的信号，抵制浪费性竞争，并设计教育体制来阻止这种竞争。在第4章，我们讨论了公共科学资助的数量与质量之争。在某些方面，教育改革与之非常相似。数量观点认为，让更多的学生接受高等教育足以解决技能问题，但解决方案或许是提供更多种类的真正有用的技能（质量），而不仅仅是考虑数量。

小结

经济中领先企业和落后企业之间的差距越来越大，这在很大程度上是因为无形资产的重要性日益增加，不能将其归因于扭曲竞争规则的企业。经济竞争的最大化要求我们增强活力，为挑战者提供最好的机会取代现有公司，而不是像某些人建议的那样，实施新一轮取缔垄断的政策。无形资产日益增长的重要性也加剧了员工之间的竞争，鼓励教育等领域传递更多的信号，不仅造成了浪费，而且代价高昂，让人压力倍增。政策制定者很少去理解该现象，更不用说采取措施减少它了。我们应该改变这一现状。

结论
重启未来

经济增长需要制度提供承诺、集体行动、信息以及限制影响力活动。在最后一章，我们围绕本书建议的制度改革提出了贯穿各领域的主题：设计平衡投资数量和质量的制度，建设国家能力，抵制影响力活动，改变文化以降低认知负荷和重塑信任。

在本书的开头，我们描述了 21 世纪发达国家经济的弊病。全球金融危机和新冠肺炎疫情等灾难性事件影响了这些经济体，但我们的经济问题长期存在，根深蒂固。它是一种慢性系统性疾病，而非具体的急症。

我们认为问题是多方面的，主要表现为五个症状：停滞、不平等、不良竞争、脆弱和不真实。我们还注意到，这些症状的表现方式往往令人费解或自相矛盾。经济的停滞与低利率、高商业利润共存，人们普遍认为，我们生活在一个技术发展突飞猛进的时代。物质的不平等已经放缓，但其后果和后遗症——地位不平等、政治两极分化、区域差异和绝望之死——仍在持续加剧。尽管商业竞争似乎有所减弱，新公司越来越少，领先企业和落后企业之间的绩效差距越来越大，但管理者和员工并没有感到职场生活"油腻、愚蠢和快乐"，个体之间的竞争反而前所未有地激烈。

最终的结果是，在过去 20 年的大部分时间里，经济在数量和质量上均表现不佳。许多人习惯于认为现代经济的增长非常稳定。1950 年至 2001 年，美国经济实现了人均 GDP 2.3% 的年均增长率[1]，尽管在此期间世界发生了巨大变化。有人说，自工业革命以来，发达国家的经济增长是一种持续的新常态，我们不应相信悲观主义者的论调。但长期的经济历史表明，密集增长期已不再稳固，并且有可能结束。

我们在第 3 章讨论了中世纪的意大利城邦。在黄金时代结束之前，它们暂时摆脱了粗放型增长的马尔萨斯陷阱，之后又回到勉强生存的贫困状态。经济历史学家杰克·戈德斯通指出，这种短暂的经济繁荣并不罕见。他将这些时期称为"鼎盛期"，认为我们应将其视为危机的对立面。在这段有限的时期内，事情会以自我强化的方式顺利推进。经济史学家认为，历史会反复出现鼎盛期，包括宋朝、阿拔斯王朝的美索不达米亚、古希腊和荷兰的黄金时代。[2]

经济历史学家乔尔·莫克尔提出一个理论，解释了鼎盛期无法持续的原因。[3] 他以科学史学家卡德韦尔的名字将该理论命名为卡德韦尔定律。卡德韦尔指出，无论哪个国家都无法长期处于技术前沿。莫克尔的贡献是描述为何会出现卡德韦尔定律。他认为，重要的新技术通常会与既得利益相抵触，要发挥新技术的作用需建立新制度。在某一时期促进技术蓬勃发展的制度可能在下一阶段变得不合时宜。事实上，过去的辉煌可能导致制度抵制变革。巴斯·范巴维尔在他的书《看不见的手》中讨论了这个问题。[4]

这一分析似乎与目前的状况有关。在第2章，我们展示了经济萎靡的五种症状，它们源于发达国家经济体资本存量大规模、渐进的变化。具体来说，我们已经看到从有形资产到无形资产的转变，包括知识、关系和表达内容，其经济表现各不相同。转变有两个主要特点：大部分转变的结果是，在商业投资中占多数的是无形资产投资，而非有形资产投资；无形资产的增长开始放缓，导致经济增长放缓。

我们对当前经济状况的解释与其他解释有本质的区别。有些解释认为，我们失去了曾经拥有的某种社会美德。对马克·安德森来说，失去的是建设的动力。对托马斯·皮凯蒂来说，失去的是平等主义。对托马斯·菲利蓬来说，失去的是对垄断的不容忍。罗斯·多塞特认为，我们失去的不是某种美德，而是作为整体的美德。无处不在的颓废困扰着我们，我们必须摆脱它。还有一些解释认为，经济问题是不可避免的外生性问题。埃里克·布莱恩约弗森、丹尼尔·罗克和查德·赛弗森的观点更为乐观：今天的经济低迷是暂时的，新技术的全部潜力很快会释放出来，情况将有所改善。罗伯特·戈登总结了外生性说法的悲观版本，即历史增长依赖于不复出现的技术红利。迪特里奇·沃尔拉特的观点处于布莱恩约弗森和戈登之间。他认为，在以服务业为基础的发达经济体中，增长放缓只是一种自然现象。

我们的解释与上述观点不同，主要体现在两方面。首先，目前的经济状况与美德的丧失无关。它基于这样一种理念，即当社会的人均GDP增长率为2%左右，无形资产存量增长率为4%时，它所面临的挑战与这两个数字分别为0.5%和2%时不同。其次，尽管我们的解释基于外生性变化（具体而言，资本存量随着社会财富的增长发生了变化），但这并不意味着其影响是一成不变的。我们认为，变化与经济低迷的关联因素是制度。在第4章至第7章中，我们研究了重要制度与无形经济不匹配的四种方式。

制度与无形经济脱节的观点引发了一种令人不安的可能性：也许发达国家的长期增长与戈德斯通所说的"鼎盛期"有着比我们想象中更多的共同点。长期以来，我们的制度能够应对挑战，克服阻碍增长的四大问题：缺乏承诺、缺乏集体行动、信息受限和影响力活动。但随着资本存量的变化，我们遇到了制度难以解决的其他问题。

第4章至第7章提出了一系列制度改革。我们认为，这些改革会对导致经济低迷的问题产生重大影响：解决城市问题、完善竞争和制度、发挥公众在鼓励投资方面的作用，以及改变金融架构。改革的成功在一定程度上取决于有效的政策设计，比如街头投票和自动稳定器。但实现制度改革需要的不仅仅是政策上的纸上谈兵，它还要求我们建设国家能力、设计平衡投资数量和质量的制度、抵制影响力活动（或寻租）、发起文化变革。

框架：权衡与制度设计

两个关键的图有助于理解提高国家能力的意义、抵制寻租的重要性，以及无形资产投资数量与质量关系的重要性。

集体物品与影响力、信息成本之间的权衡

图 C.1 列出了各经济体面临的关键制衡。[5] 沿着纵轴向上，经济能为每单位支出提供更多的集体物品。在公共部门中，这些集体物品可能是安全、科学预算以及单位成本 / 税收的货币稳定性的提高。在私营部门中，这些物品可能是大型企业内部集中化的协调活动，例如，总部协调和指导活动的能力。

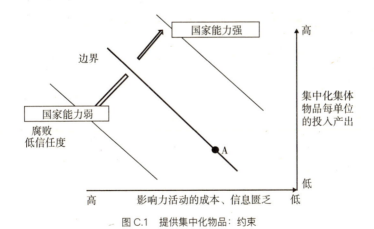

图 C.1　提供集中化物品：约束

提供集中化物品至少有两种成本。首先，正如保罗·米尔格罗姆和约翰·罗伯茨[6]所证明的那样，集中供应可能会促进浪费性的影响力活动，例如，花费大量时间游说，或者对私人信息进行不实陈述（例如，科学家在项目申报时夸大其词）。其次，集中供应本身可能会造成信息不足。如果没有经过市场检验，没有验证其价值和用途，信息就会匮乏。苏联规划者就曾面对这样一个系统，它不仅信息匮乏，而且因影响力支出而充斥着浪费。

因此，将信息匮乏的成本和影响力支出放在横轴上，我们可以画出经济的制约因素，如粗线所示。想要生产高水平的集中化集体物品，社会将面临影响力活动和信息匮乏带来的潜在高成本。在这种情况下，需要做出选择：权衡点在哪里，以及（或者）是否能够改变这种权衡。

权衡点（例如 A 点）取决于成本和社会偏好。当一个社会的集体物品供应成本很高时（例如，向地理位置过于分散的民众提供健康或通信服务），它可能会选择低档集体物品。或者，社会可能对集体物品的提供持反感态度。反感的原因之一可能是归因偏差，即人们倾向于将成功因素归于自己，而不是集体的贡献——例如，银行家将功劳归于自己的股票投资技能，而不是市场的普遍上涨。如果这种认知偏差普遍存在，那么人们可能会抵制集体物品。

权衡的幅度有多大？

来看一下边界的形状，什么决定了它的斜率和位置，无形资产是怎样改变它的？让我们从斜率开始，以一个大型科学项目为例，有人认为其斜率很大。科学的集中化目标是指，无论什么项目都有可能提供更多的集体物品；任何项目都有可能给社会带来意想不到的收益，因此集中化项目的信息损失很小。此外，科学家的非特定目标意味着，在浪费性影响力活动上的损失很小。事实上，有些人可能会说，中央集权本身有助于培养共同目标，其斜率也很大。其他人，如马特·里德利[7]则认为这条线是平的。集中化物品的成本很高：中央集权引发了浪费性的影响力支出，而中央指导行为本身就牺牲了有价值的信息，其结果是回报微乎其微。

权衡的位置在哪里？

我们认为，曲线的位置是由"国家能力"确定的。在粗体线的左侧绘制一条线。这样的经济体要提供（资源单位）等量的集中化集体物品，只能以高成本的影响力活动（以及信息的严重匮乏）为代价。因此，粗体线左侧的国家是腐败的，它们因影响力活动而四分五裂，无法提供集中化的集体物品。换句话说，其国家能力很弱。

有两种策略可以改变这条线：要么优化中央集权，要么改变中央集权的设计，允许授权。我们可以将"优化"政权视为"国家能力建设"。也就是说，中央集权更值得信任，也更明智。授权的一个例子是，将货币政策和竞争政策等政策杠杆转移给独立机构。另一个例子是，将公共物品外包出去。例如，英国本地垃圾回收合同的竞拍不仅披露了信息（可利用的新供应商），还可能降低了影响力活动，从而使边界线右移。但是，如果监管机构与其监管的行业相互勾结，这条线将向内（向左）移动。

授权政策的一个更极端的例子是特许城市。经济学家保罗·罗默提出，国家可能会将城市的行政管理和权力委托给外国，让其管理该城市或地区，制定自己的法律和政策，可以不受东道国的控制。[8] 其他个例包括贸易协定，即同意使用国家之外的争议解决程序：斯德哥尔摩商会仲裁院是瑞典境外争议的主要仲裁方，可对外国公司在某东道国挪用投资的指控进行仲裁。

然而，授权可能产生巨大的成本。将晋升决定委托给一个远程委员会（该委员会以资历为标准决定晋升），可能会减少决定所耗费的时间和金钱，但这个委员会可能会做出代价高昂的错误决定。一些人认为，将科学政策授权给委员会，可能会将影响力活动转向对委员会的游说。例如，委员会可能过于刻板，无法利用跨学科的协同效应。[9]

无形经济与权衡

向无形经济的转变在两个关键方面加剧了权衡的难度，如图 C.2 中左侧斜率较小的线所示。首先，协同效应越强，曲线越平坦。一件利润丰厚的商品对无形资产组合的要求越高，信息匮乏的成本就越高。这种关系使曲线变得平坦：在每个信息点上，社会获得的集中化物品更少。其次，随着无形经济的增长，收入、财富和尊重之间的差距越来越大。例如，差距的加大会削弱信任，从而降低国家能力，线会向左移。更严重的社会分化也可能削弱授权的有效性，从而使线向左移动：授权可能会阻止影响力活动，但它可能过于僵化，无法实现协同效应。这一点可能很重要。

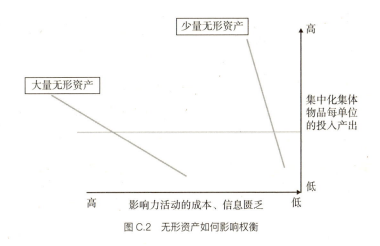

图 C.2　无形资产如何影响权衡

如图 C.2 所示，向无形资产的转变使经济受到更严重的制约。如果要使集体物品的产出保持在某个固定水平，如水平线所示（这个产出水平可能不是最优的，只是举例说明），向左侧移动意味着，社会必须容忍更多的影响力活动和更少的信息。

完善集中化权衡

我们将这一框架应用于许多不同的问题。

国家能力

阻碍政府鼓励无形资产投资及处理其后果的一个常见因素是国家能力不足。我们可以将其视为图 C.2 斜线的左移。

国家能力的概念产生于政治学和社会学领域，是政治经济学和发展经济学学者的热门话题。但它在现代发达经济体中并不常见，所以我们来解释一下它的含义。经济历史学家诺埃尔·约翰逊和马克·小山最近发表的一篇论文将国家能力定义为"国家征税、执法、维持秩序以及提供公共物品的能力"。[10] 因此，如果我们说 2022 年的英格兰比 1022 年盎格鲁-撒克逊时期的英格兰拥有更强的国家能力，我们的意思是，国家税收和支出占产出的比例更大，通过法律行使更大的控制权，并提供大量的公共物品，其数量之大是克努特大帝的臣民们无法想象的。

自由主义读者可能会感到不安：呼吁提高国家能力是否意味着提倡建立大国？事实并非如此，因为国家能力并不是衡量国家规模的精确指标。道格拉斯·诺思和巴里·温加斯特在一篇经典论文中，从强大的国家能力角度描述了光荣革命后英国的成功。但他们指出，成功的重要因素是国家有效的自我约束能力。由于人们不再担心财产被剥夺，于是进行了更多的投资，政府借款也更加顺畅。[11] 国家能力还指国家有效运作的能力，这与国家的规模无关。约翰逊和小山指出，管理有方的国家"能够更好地克服既得利益"。[12]

发展经济学家或经济历史学家认为，广义而言，如今大多数发达国家都有很强的国家能力。例如，与当代的南苏丹共和国或墨洛温王朝时期的法国相比，当代的法国和日本彼此更相似，这种差异是可以量化的。[13] 但是以更细致的方法衡量，现代发达国家之间仍存在国家能力的差异，即使这些差异与历史相比要小得多，也更具争议性。韩国、新加坡都被认为是高效的"发展型国家"，它们推动了 20 世纪末高附加值产业的问世。在某种程度上，许多国家也支持此类产业，但都以失败告终。这似乎不仅是政策问题，也是能力问题。

发达国家对新冠肺炎疫情的反应使国家能力的差异更为明显。即使考虑到地理和文化差异，一些政府也能更好地设计和实施新的护理路径、跟踪协议和封锁流程；能够采取更好的策略并坚持执行；能够更好地说服公民遵守规定。例如，英国利用政府与生命科学部门的密切联系，实现了疫苗的快速采购。

在第 4 章至第 7 章，我们看到了几个有效应对基于无形经济的必不可少的制度的例子。这些制度依托于国家能力，而国家往往欠缺这种能力。例如，专利局无法筛选低质量的专利；城市政府无法改革规划方案或管理拥堵问题；研究的资助方依赖刻板僵化的系统；监管机构缺乏了解其监管行业动态所需的带宽或数据。在一些重要领域，许多政府的能力极其有限，比如提供公共数据、技术培训投资，或者了解进入传统市场的创新者。

从某种意义上说，这些问题各不相同，但本质上又是相同的。鼓励无形资产投资（例如，解决溢出问题）、处理其后果（例如，城市的崛起或平台业务的增长）需要政府官员做出更明智的分析判断，进行更多的代理，还需要上级政治家更大的包容度。

此类政策受到左翼和右翼的排斥。保守派对它的反感显而易见：至少从里根和撒切尔时代开始，许多右翼人士不仅想削减国家规模，还想削减国家机构甚至国家信息。郭伯伟是自由放任经济政策的推动者，他建议想致富的国家应该"废除国家统计局"。[14] 美国保守派活动家格罗弗·诺尔奎斯特说，他想要一个可以"淹死在浴缸里"的国家——这不仅是呼吁小规模，也是呼吁软弱。"新公共管理"描述的是英国在 20 世纪 80 年代和 90 年代实施的政府改革，它涉及管理主义、更明确的规则和更少的自由裁量权：政府创建机构，又削减机构。提高国家能力仿佛是为文员和官僚颁发的特许状。

经济学家泰勒·考恩发现了一种趋势，即右翼政治家意识到，软弱的国家不再符合他们的利益要求。2019 年，他创造了"国家能力自由主义"一词来描述这种趋势。我们认为，提高国家能力有明确的经济理由。这个政治话题仍存在争议。

总体而言，提高国家能力更符合左翼的观点。国家能力与私营部门的互动是更具挑战性的难题。为了理解这些挑战，我们来思考制度改革的另一重要议题：如何在提高无形资产的数量和质量方面进行权衡。

无形资产的质量理论和数量理论

国家能力的增强有助于提高无形资产投资的数量与质量。但应优先考虑哪个因素：更多还是更好？在第 5 章，我们简要说明了无形资产数量和质量增长之间的紧张关系。例如，通过税收减免、公共资金或政府在培训或研发方面的直接投资来资助无形资产，有助于解决溢出效应导致的投资不足的数量问题，这通常涉及集中化——无论是公共机构的研发供给，还是政策细节（慷慨程度、范围等）的决策。但是，这些政策也可能通过鼓励博弈或低质量的研究，或者仅仅因资助规则落后于实践和技术的步伐而降低投资质量。我们可以将收益与成本的相对价值视为对社会的影响，在图中显示为陡峭的线（集中化是有益的）和平坦的线（集中化成本很高）。

增强国家能力也会给左翼带来政治挑战，上述可能性解释了其中的原因。一个有能力为无形资产投资提供慷慨资助（如研发或学生贷款）的国家，可能不足以鼓励充分的生产性投资。生产性投资也需要活跃的创业生态系统来产生多样性和有价值的协同效应。这种模式与创业型国家的模式有所不同，后者的国家职责是确立创新目标。增强国家能力的模式假定国家职责广泛分布在企业和客户之间，其基础理念是强国可与强大的企业共存。

抵制影响力活动和寻租

国家能力一旦得以提升，既得利益集团就会搭上顺风车。制度设计的一个重要内容涉及如何阻止这种现象发生。防范既得利益的传统方式包括规则、授权和去政治化。经典的"新公共管理"模式背后的推理很简单：将货币政策、知识产权管理或地理空间数据采集等政府职能放到与政治无关的机构中，用明确的规则和程序加以约束，使其能够抵御说客的诱惑。（在图 C.2 中，成功的授权会让线向右移动。）

我们看到，当规则明确，且与环境相匹配，几乎没有游说空间时，该策略可以很好地发挥作用。但如果情况发生变化，或者说客找到了切入点，规则和单一策略就可能适得其反，导致特殊利益集团如鱼得水。事实上，说客在知识产权和无形资产公共资助等领域有着强大的影响力。

此外，还有一种抵制影响力活动的方式，从设计的角度看不那么讲究，但在面对不断变化的需求时更加灵活。具体而言，政府可投入政治资本优先处理相关问题。政治家建立联盟，赚取政治资本，以便解决他们眼中的重要问题。尽管人们经常指责政府向寻租者让步，但政治家的这一决定性举动却表明了相反的立场。因此，新的、能力强大的国家需要更浓厚的政治色彩，这不一定意味着意识形态上的党派主义，而是说政府需要运用政治权力来履行使命。

制度改革包括提高国家能力（从意识形态的角度说，这可能是困难的）、在国家和企业之间达成平衡（这可能会激怒左翼和右翼人士），以及强化政府通过投入政治资本抵制寻租的意愿。政治家会认为该计划缺乏吸引力，难以实施，这情有可原。但我们可以找到使其发挥政治作用的方法，至少尽可能让其发挥作用。考虑到制度改革的政治困难，正确处理政治问题是该计划不可分割的一部分。

我们以自动稳定器为例。政治家在执行货币政策（即货币政策集中化）时，会受到游说问题的影响——焦虑的国会议员会在选举前就低息借款展开游说。货币政策的下放有助于减少这种游说。自动稳定器还有一个好处，如果政治家承诺不受此类活动的影响，就可以贯彻自己的决定。由于很少能做出可信的承诺，所以他们通常将政策授权给央行行长。[15] 因此，我们可以将图 C.2 中的水平轴视为承诺成本。授权会让线向右移动，但如果利率逼近下限，授权的作用就会减弱，线会再次左移。自动稳定器使政治家致力于拯救经济，于是，线再次右移。

政治解决方案

在进行艰难的制度改革时，政府的通用选项包括：调整改革措施，使其更受欢迎；说服选民改变想法；将改革与选民关心的积极事物联系起来；在别处积累政治资本，用于推动改革——理想情况下，这些举措都可以稳步实施。

上述做法都可能发挥作用。第 6 章提到的城市改革方案，比如街头投票和集体投票，其目的是在有利于无形资产投资的制度中创建既得利益联盟。

法国亲技术派政党共和国前进党（2017 年当选）早期的首选策略是道德劝说：宣传的大部分内容是其对技术的投资。自"黄马甲运动"（最初是抗议政府加征燃油税，后来发展成一场广泛的民粹主义运动）以来，政府不再以科技乐观主义者自居。虽然继续制定雄心勃勃的技术政策，但表现得更加谨慎了。

热衷于外部事务的小国（"咄咄逼人的邻居"的委婉说法）提供了一个例子，说明制度改革有时可以与选民热衷的其他事情联系起来。我们在第 4 章提到，马克·扎卡里·泰勒指出，重点关注外部的国家（如以色列、韩国和芬兰）有能力支持世界领先的技术部门，并得到知名公共机构的支持，说明它们已建立了与无形资产相关的有效制度。我们从芬兰的国家技术局，以及韩国政府推动韩国流行音乐的国际化发展中可见一斑。[16] 如果强大的外敌并不存在，你就很难杜撰它。但我们认为，具有明确外部目标的国家，其成功背后的主导因素是以使命为导向的创新吸引力。政治家偶尔会得其所愿，选择了真正富有魅力的任务，它们扣人心弦、备受大众关注，美国的阿波罗太空计划就是一个原型。但这些任务的设计难度很大——英国首相特雷莎·梅设计的四大挑战，除了白厅几乎无人关注。很多挑战过于笼统且因循守旧，难以奏效。绿色新政或许是近年来最具魅力的使命，但迄今为止它并未取得成功。将制度改革与魅力使命联系起来的另一种方式是利用地方政治合法性。如第 6 章所述，巴斯克自治区的制度成功就是一个很好的例子。当然，并非所有地区都有强大的地方认同和社会资本可供利用。此外，声称拥有这些特质的地区比实际拥有的地区要多。

这就留下了一个选项：在其他地区获得政治合法性，将其用于制度改革。从某种程度上说，这是法国的共和国前进党目前采用的模式。它还有更夸张的版本，洛伦佐·卡斯泰拉尼和罗兰·曼托珀称为技术民粹主义。[17]卡斯泰拉尼创造该术语来描述意大利五星运动党非同寻常的一面：在罗马和其他地区，他发现像维吉尼亚·拉吉这种民粹主义政治家并不混迹于志同道合的雅各宾派，而是与"官员、地方法官、学者和专家打交道，这些人永远不会出现在五星运动党的聚会上"。英国读者在某些场景中也能看到类似现象，比如英国脱欧公投、2019年英国首相鲍里斯·约翰逊大选获胜引发的颇具技术治国色彩的公务员制度改革、大幅增加公共研发投资、改革研究资助机构。这些举措得到了鲍里斯·约翰逊的首席顾问多米尼克·卡明斯的支持。卡明斯与民粹主义的"为脱欧投票"运动以及致力于英国制度改革的技术专家、技术型官员都有关联。（他在 WhatsApp 上的签名是"完成脱欧，然后创建高级研究计划局"。）唐纳德·特朗普政府几乎不重视技术专家，但他从技术投资加速主义者彼得·蒂尔那儿得到的支持或许来自同一机构。

目前尚不清楚哪种政策（如果有）能有效推动制度改革。但值得注意的是，政治家正在进行尝试，他们愿意冒声誉受损的风险来验证其效果。

文化、信任与认知负荷

制度设计和政治对于解决我们身处的困境至关重要，但它们的作用有限。要为新型经济创建更好的制度，我们还需要文化变革。

乔尔·莫克尔和阿夫纳·格雷夫等经济历史学家已表明，现代繁荣不仅取决于制度、技术和资源，还取决于深层的文化变革。17世纪和18世纪，英国、荷兰及其他国家的一些人开始表现出更强的好奇心、进取精神和亲社会行为——历史学家安东·豪斯称之为"先进的思维模式"，这种思维模式如病毒般迅速传播。技术和制度强化了它，它也促进了技术和制度的繁荣发展。例如，英国皇家艺术学会的豪斯历史研究表明，伟大的启蒙思想既是文化的产物，也是文化的源泉。人工智能研究人员埃利泽·尤德科夫斯基将这种思维模式定义为：在社会中寻找"不充分均衡"（规范和规则是可行的，但没有达到其应有的效果），并敢于解决此类问题。

伴随新经济而来的是新文化。我们并没有声称自己可以预测其表现形式，但是，在向无形资产转型的过程中，有些文化和地区走得更远，我们可以从中获得一些线索。具体来说，个人的认知负荷在数字领域似乎有所上升，但该问题已有解决方案，通常来自市场本身，包括广告拦截、匿名搜索引擎和比价网站。在非经济危机期间，债务会让认知负荷保持在较低水平，使无形资产证券化的金融创新回报也有同样的作用。

最后，我们发现一种制度既适用于不同的时代，也适用于不同的交易层面，那就是信任和互惠。对该制度的长期决定因素，人们一直存在争议（见弗朗西斯·福山和罗伯特·帕特南的著作）。[18] 同时，软件行业已经开发出工具、实践和工作规范，成为最适合远程办公的高技能工作。从小玩网络游戏、通过智能手机社交和约会的人已发展出远程交流方式，它复制了面对面交流的大部分情感和心理特征。开源软件运动创造了一个新领域，人们认识到溢出效应的价值，并通过奉献他人而受益。也许重视互惠和声誉的社会风气正卷土重来。

作为期望世界更公平、更繁荣的公民，这一切带给我们什么启发？本书以"失落的黄金时代"开篇，它是很多人用来理解当今经济状况的故事。故事既有悲观的一面，也有乐观的一面。悲观的一面是，历史增长水平已经一去不复返，我们必须学会接受它。乐观的一面是，如果我们以某种方式重新发现遗失的美德，那么美好的日子将再次降临。从某种意义上说，我们站在乐观主义者一边：今天的经济失望并非不可改变的事实，而是一种具体的失败，即尚未建立起合理的制度以实现经济增长和人类繁荣。

但守株待兔或重温过去的美德并不能帮我们找到答案。问题的出现是因为经济的性质已经发生改变——资本存量从有形资产到无形资产的转变是一场悄无声息的革命，如今仍在进行。而我们的制度，从金融制度到规划规则，从专利法院到教育机构，都没有跟上转变的步伐。

想拥有更快的增长和更公平的经济，需要重建制度的勇气和决心。重启未来尽在我们的掌控之中。

总结

国家和公司等实体需要权力和集中控制，以提供有利于公民和员工的集体物品。但其中有一个基本的权衡。提供集体物品的费用越高，越容易产生影响力活动，损失重要信息的可能性就越大。事实上，极度腐败的社会几乎不可能提供任何集体物品，它们都被影响力活动吞噬了。例如，2021 年有一则被广泛报道的消息，黎巴嫩央行行长一直在贪污公款，即使在国家遭受恶性通货膨胀时也没有收手。

无形经济对权衡的影响包括两个方面。首先，它恶化了权衡的斜率。如果协同效应在无形经济中变得更加重要，那么集中化集体物品额外支出的有效性与效率都会降低，因为在面对复杂性时，牺牲协同效应的危害更大。其次，在一定程度上，无形经济加剧了各方面的不平等，这使得任何程度的集中支出在政治上都更难被接受（也就是说，它导致权衡曲线向左移动）。

在本章中，我们回顾了至少两种有助于问题解决的改革方案。其一是加强国家支持经济的能力，其二是投入政治资本。经济停滞不前，无形资产资助减弱的反馈回路持续存在，它们阻碍了社会的发展，令上述两个挑战变得更加紧迫。

建设国家能力和投入政治资本是围绕本书主题提出的跨领域建议。我们想要证明，向无形资产密集型经济的转变能更好地解释各种经济问题：停滞、不平等、不良竞争、脆弱和不真实。与基础经济结构的变化一样，转型过程中需要一套新制度来解决无形经济问题——例如，集体行动、信息、承诺和阻止浪费性影响力活动。

我们围绕研究资助、城市、货币、金融政策以及竞争问题，提出了必要的制度改革建议，具体细节因国而异。本书对经济问题做出了诊断，构建了一个通用框架，以理解无形经济带来的制度压力。我们希望这些观点能久经考验，为应对现代经济的挑战提供一个新的视角。

致谢

　　2017 年，《无形经济的崛起》出版后，我们进行了发人深思的探讨，本书内容来自这些沟通与交流。很多人发表了富有洞见的观点，在此表示感谢。他们是：马丁·布拉塞尔、斯蒂芬·切凯蒂、泰勒·考恩、黛安娜·科伊尔、克里斯·迪洛、丹尼尔·芬克尔斯坦、马丁·弗莱明、拉纳·弗鲁哈尔、比尔·盖茨、约翰·哈里斯、康斯坦丝·亨特、理查德·琼斯、约翰·凯、威廉·克尔、索尔·克莱因、阿诺德·克林、巴鲁克·列夫、尤瓦尔·莱文、伊赫桑·马苏德、乔治·莫洛汉、阿塔曼·厄兹耶尔德勒姆、罗伯特·佩斯顿、雷汉·萨拉姆、迈克尔·桑德斯、丹·西奇尔、戴维·史密斯、汤姆·萨克利夫、巴特·范阿克、卡勒姆·威廉斯、马丁·沃尔夫等。

　　感谢以下合作者为我们提供了源源不断的灵感：萨姆·鲍曼、卡罗尔·科拉多、贾尼斯·埃伯利、哈拉尔·埃德基、彼得·古德里奇、马西米利亚诺·约米、塞西莉亚·约纳－拉西尼奥、保罗·迈曾、加文·沃利斯和贾尔斯·威尔克斯。感谢慷慨的资助者：爱立信；英国经济和社会研究委员会（ESRC）；麦肯锡公司；创新和传播方案，ES/V009478/1；生产力研究所，ES/V002740/1；我们的雇主，英格兰银行，商业、能源和工业战略部，帝国理工学院和英国皇家统计学会，它们既支持我们的工作，又为我们提供了有关本书主题的许多实用意见。本书的观点只代表我们自己，与他们无关。

感谢为本书的出版提供帮助的人，没有他们就不可能有本书的问世。他们是：布赖恩·安德森、阿齐姆·爱资哈尔、阿林娜·巴尼特、桑德拉·伯尼克、马特·克利福德、西蒙·考克斯、丹·戴维斯、内德·多诺万、亚历克斯·爱德蒙斯、戴维·埃德蒙兹、约翰·芬格尔顿、汤姆·福思、马尔科·加罗法洛、山姆·吉马、安东·豪斯、容尼·基特森、马克·小山、阿莉塞·拉斯曼、杰米·伦尼、保罗·刘易斯、约翰·迈尔斯、拉马纳·南达、马丁·奥尼尔、索菲·皮东、彼得拉·萨拉帕特科娃、本·索思伍德、玛丽莲·托尔、雷切尔·沃尔夫、本·杨，以及普林斯顿大学出版社团队（尤其是乔希·德雷克和汉娜·保罗）。特别感谢休·哈斯克尔和史蒂夫·力格罗西，他们阅读了全部手稿。

我们一如既往地感谢柯尔斯滕、休以及家人的爱与支持。我们满怀爱意，将这本书献给我们的父母：马里特、罗伯特（斯蒂安父母）；卡罗勒、西蒙（乔纳森父母）。

参考文献

导言

1. US patent 549,160 is available at "Road-engine," Google Patents, https://patents.google.com/patent/US549160A/en, accessed July 31, 2021.

2. Furman and Summers 2020.

3. Graeber 2018, xviii.

4. Baudrillard 1994.

5. Douthat 2020.

6. Case and Deaton 2020.

第 1 章

1. Gross and Sampat 2020, 2021.

2. Congressional Budget Office 2007.

3. Schwartz and Leyden 1997.

4. Krugman 1997.

5. Keynes 2010.

6. Wilkinson and Pickett 2009.

7. Piketty 2014.

8. McRae 1995.

9. Moretti 2012.

10. Jennings and Stoker 2016.

11. Case and Deaton 2020.

12. Decker et al. 2018.

13. The rise in Tobin's Q and the rise in this markup are somewhat different measures of rising corporate profitability. The exactrelation between these measures is set out in Haskel (2019).

14. Philippon 2019.

15. Cowen 2017, 1.

16. Malcolm Baldrige, quoted in "Fat, Dumb, Happy," *New York Times*, October 4, 1981, sec. 3, p. 20, https://www.nytimes.com/1981/10/04business/fat-dumb-happy.html.

17. Markovits 2019, 158.

18. Kuhn and Lozano 2005.

19. Furman and Summers 2020.

20. De Veirman, Hudders, and Nelson 2019.

21. Shiller 2019.

22. Leamer 2008; Harari 2015; Kay and King 2020.

23. Cowen 2011; Gordon 2016.

24. Vollrath 2020.

25. Brynjolfsson and McAfee 2014.

26. Harvey 2007; Hutton 1995.

27. Cohen and DeLong 2016.

28. Philippon 2019.

29. Sichel 2016.

30. Mokyr 2018. See also Branstetter and Sichel 2017.

31. In table 4.1, on page 48 of his book, Vollrath (2020) reports slightly different numbers for the contribution of physical capital per capita for the United States. His contribution between the years 2000 and 2016 is 0.27 percent. He documents a similar fall in the contribution of human capital per capita. With this different contribution in physical capital he gets a slowdown in TFP growth from 1 percent to 0.8 percent. This means that the slowdown in the growth of human capital per capita (in his data, 0.7 percent) accounts for most of the slowdown in GDP per capita of 1.3 percent in his

data. The difference in the contributions in table 1.1 and Vollrath's calculations results from the fact that Vollrath uses capital stocks, whereas our calculation uses capital services. As Vollrath notes, one could also use capital services; see the discussion on page 224 of his book.

32. Byrne, Corrado, and Sichel 2017.

33. Byrne and Sichel 2017.

34. Corrado, Haskel, and Jona-Lasinio 2021.

35. Traina 2018.

36. Syverson 2019.

37. Haskel and Westlake 2017.

38. Davis 2018.

39. It is perfectly possible for a firm to have an intangible asset that does not involve a relationship: an expressive intangible evokes an emotion, so a design or work of art could evoke pathos, catharsis, awe, excitement, and so on. The contrast is that a relational intangible promises or hints at a future social exchange. Thus, Apple's supply chain relationship is akin to an informal semi-promise that it will buy Gorilla-glass screens from a manufacturer for many years to come, pay them on time, treat them honestly, and so on.

40. Simon 1995.

41. Benmelech et al. 2021.

42. Scott 1999.

43. Schumacher 1980.

44. McAfee 2019.

45. In *Capitalism without Capital* we speculated that when we look at the investment share of intangibles in GDP over the long run, we are looking not just at the level of intangible spending but also at how much such spending costs. The phenomenon that economists call *Baumol's cost disease* probably plays a role in the rise in the investment share, to the extent that much physical capital is manufactured (such as a shipping container or a lathe) and hence falls in price over time, whereas the main cost of producing intangible capital is human labour—the salaries of the marketing department or the R&D lab, the delivery of training courses—which gets more expensive as society gets richer.

46. Adler et al. 2017; Duval 2017.

47. Arquié et al. 2019; Demmou, Stefanescu, and Arquié 2019.

48. Wise and Turnbull 2019.

49. Uncertainty will also affect tangible investment (Abel et al. 1996; Dixit 1992; Dixit and Pindyck 1995). But tangible investment might be less irreversible if it can be sold off. And because intangible investment can be scaled up, it is likely more expansible than tangible investment, so the nature of uncertainty matters differently: the expectation of bad news depresses investment in intangibles and tangibles (because firms are worried about the downside), whereas

the expectation of good news raises investment in tangibles (because firms want to exploit the possible upside). Thus, a transition to a period where bad news is expected disproportionately affects intangibles.

50. Bessen et al. 2020.

第 2 章

1. The economist Michael Kremer (1993) used the term "O ring" to describe the gap between a successful space shuttle mission and a failed one.

2. Brynjolfsson, Rock, and Syverson 2021.

3. There are two quite separate arguments here that we need to be careful to distinguish. If intangibles are booming but unmeasured, then measured TFP falls during the initial investment period until the new output comes onstream, when TFP rises again; vice versa if they are falling. If intangibles have a spillover effect on TFP growth, then TFP rises and falls respectively.

4. Vollrath 2020.

5. See Bajgar, Criscuolo, and Timmis 2020.

6. Corrado et al. 2019.

7. Markovits 2019.

8. Garicano 2000.

9. The reason income inequality has not risen more in the United Kingdom in the twenty-first century is that the UK benefits system has to some extent restrained it. For an excellent summary of recent trends in UK income inequality, pre- and posttax, see Francis-Devine 2020.

10. Garicano and Hubbard 2007.

11. Rognlie 2015.

12. Hsieh and Moretti 2019.

13. Department for Business, Energy & Industrial Strategy 2019, table 1.

14. Douthat 2020.

第 3 章

1. Daron Acemoglu and James Robinson (2019, 126ff) draw attention to this fresco as an example of an institutional system whereby the state had sufficient power to provide communal goods (supervisors of public buildings and weights and measures, six "good men" who oversaw taverns and prevented swearing) but not too much power to become autocratic.

2. North 1993.

3. Smith 1904, 1:xxxv.

4. Marx and Engels 2002 [1848].

5. Acemoglu, Johnson, and Robinson 2004, 395.

6. Kling and Schultz 2009.

7. North 1993, 97.

8. The "transactions costs" approach to exchange notes that exchange is affected by the transactions costs in each situation. This analysis is often, but not always, applied to a situation in which two parties are trading but face the problems that the assets they bring to the match are specific, there is uncertainty, and exchange might be infrequent (Milgrom and Roberts 2009; Williamson 2009). We wish to step back from this approach and make sure we include in the process of exchange the finding of a partner in the first place. We also think that, following Milgrom and Roberts (2009), treating the exchange as the unit of analysis, rather than the transactions costs of the matched transaction, helps us be more specific about what the transactions costs are. In conditions of incomplete contracts with asset specificity, uncertainty and infrequent trade arise because these conditions induce high bargaining costs, problems of commitment and information, and the like.

9. Milgrom and Roberts 1990.

10. Hart 2017.

11. This argument is set out in Demsetz (1967).

12. Hayek 1945.

13. A more modern example of property rights is the compulsory military draft. A society without a compulsory military draft is a society that has assigned to potential draftees a private property right over their labour power. Once potential draftees have the private property right, then the society can bargain with them for the supply of their labour, which is of course voluntary military service. Therefore, to those opposed to compulsory military service, the institution of private property rights is a solution.

14. One might therefore argue that trust and reciprocity are not an institution within themselves but rather a subset of the institution that is a mechanism for collective decision-making. We have assigned its own institutional heading to trust and reciprocity, given its historical and anthropological importance.

15. Regarding transactions costs, Mançur Olson (1965) (discussed in more detail below) pointed out that the benefits of many policies are concentrated, whereas the costs are dispersed. So, for example, all London taxi drivers benefit from regulators setting a high price for a taxi ride. This benefit is concentrated in comparison with the dispersed benefit of low prices for the much broader community of taxi riders. But it's very expensive for the taxi riders to arrange themselves in a coalition and push for low taxi prices; in economists' language, the transactions costs of organising the large community

who benefit from such low prices are simply too high. Thus, institutions might well evolve based on the relative degrees of transactions costs.

16. Acemoglu, Johnson, and Robinson 2004, 428.

17. Acemoglu, Johnson, and Robinson (2004) stress the constraints on the executive.

18. Acemoglu and Robinson 2019.

19. Weingast (1995) opens as follows: "The fundamental political dilemma of an economic system is this: A government strong enough to protect property rights and enforce contracts is also strong enough to confiscate the wealth of its citizens. Thriving markets require not only the appropriate system of property rights and a law of contracts, but a secure political foundation that limits the ability of the state to confiscate wealth." He continues, "The fundamental political dilemma forces us to ask what form of political system is required so that a viable, private market economy is a stable policy choice of that political system? The answer concerns the design of political institutions that credibly commit the state to preserving markets. The central component of a credible commitment to limited government is that these limits must be self-enforcing. For limits on government to be sustained, political officials must have an incentive to abide by them" (1). His answer is that some degree of federalism in a country restricts governments from too much interference in markets because

重启未来

activity can move elsewhere.

20. Anton Howes (private communication) has suggested to us that an additional dimension of the conditions needed for exchange is recognition of the right to the good (of which property rights or respectfulness/reciprocity might be the appropriate institution). In the example of someone trying to use intellectual property for which they have not paid, we think that recognition of the right is implied in the condition of "need to solve collective-action problem" or the condition of "commitment" (i.e., the good will not be simply confiscated).

21. Posner and Weyl 2018.

22. One of their many fascinating suggestions is to make property much more tradable by having it registered at a self-declared value and taxed but also eligible for purchase at that value. Owners declaring a low value pay a low tax but would potentially have to sell at that low value. Whatever the desirability of this scheme, table 3.1 suggests that this plan would require low haggling costs to succeed.

23. Acemoglu, Johnson, and Robinson 2004.

24. See Tim Taylor's wonderful blog post "An Update Concerning the Economics of Lighthouses," July 24, 2020, https://conversableeconomist.blogspot.com/2020/07/updates-for-economics-of-lighthouses.html, which brought to our attention the fascinating work of Theresa Levitt, David van Zandt, and Erik Lindberg on

lighthouses.

25. Modern-day lighthouses provide such a service, but radio transmission has mostly superseded light as a navigation aid.

26. For those who studied economics, you will have encountered the lighthouse example in almost any textbook. It was first used in Samuelson's famous economic textbook in 1948. The economist Ronald Coase pointed out the fact that lighthouses were privately provided; nonetheless, the lighthouse, as an example of a public good, seems to have remained in many textbooks.

27. Levitt 2020.

28. Van Zandt 1993. The economist Kenneth Arrow (1962) argued that there is a second economic difficulty: unless the lighthouse owner could commit to an acceptable price in advance (for example, by publishing a price schedule), the ship owner might worry about being charged a high price and so not use the lighthouse at all.

29. Lindberg (2013) notes that King James I did not recognise Trinity House's exclusive right to build lighthouses. By 1700, Lindberg says, Trinity House started to sell the rights to operate a lighthouse.

30. Indeed, the motive for public lighthouse ownership had originally come from the fact that the private lighthouses were charging *too much* for their services, just as Arrow had feared, not that they were unable to charge at all. Indeed, Lindberg (2013) argues

重启未来

that the private lighthouses were extremely profitable—so profitable, in fact, that ship owners began pressing for nationalisation.

31. As van Zandt (1993) notes, by the nineteenth century, almost every nation except Britain provided lighthouse services from general tax revenues. In the United States, for example, "One of the first acts of Congress brought all existing lighthouses and beacons under the control of the secretary of the Treasury ... By 1875, France, Russia all provided for lighthouses from government funds and charged no user fees" (70). In fact, the argument about the public/private provision of lighthouses in the economics textbooks, at least in the United Kingdom, is nuanced. Before 1836 there was a mix of public and private ownership, with the private ones nationalised in 1836 and brought under the control of Trinity House, which had a licence from the public sector. However, the lighthouses were financed from local port charges. In 1834 a Parliamentary Select Committee recommended keeping local lights under private or Trinity House control and funding seaview lights by general levies. Parliament ended up granting Trinity House exclusive ownership, but with compulsory charges for all ships everywhere to fund the seacoast lights they passed (Levitt 2020).

32. Weingast 1995.

33. Mokyr 2002.

34. Howes 2020.

35. De Soto 2000; Hornbeck 2010; van Bavel 2016.

36. Nelson 1994.

37. Ostrom 2005, 12.

38. Liebowitz and Margolis (1990) strongly contest this.

39. Greif 2006.

40. Edgerton 2018.

41. Lerner and Nanda 2020.

42. Johnson 2004.

43. Wing warping is a system of cables and pulleys that twist the wing to stop the aircraft from rolling over; ailerons—from the French for "little wings"—are hinged surfaces on the wing. The breadth of the Wright Brothers' patent was enough to hold up Glenn Curtiss's aileron invention.

44. Katznelson and Howells (2015) dispute the details of who held up whom. Nonetheless, the point that the whole ecosystem was decided by these institutions remains.

45. Olson 1965.

46. Van Bavel 2016, 21.

47. See Broadberry 2013, section 4.4.

48. What is the difference between a spillover and synergy? You can think of the former as an institutional feature around excludability and the latter as technological. For example, a regime of perfectly enforced intellectual property rights would stop spillovers. But there

would still be synergies from, for example, the combination of a film script and software to make an animated movie.

第 4 章

1. Arrow 1962; Nelson 1959.

2. Mazzucato 2013.

3. David Willetts, personal communication with the authors, 2019.

4. Matt Ridley, "Don't Look for Innovations before Their Time," *Wall Street Journal*, September 14, 2012. See also Ridley (2020) or Syed (2019).

5. Lachmann 1956.

6. Lachmann described a number of associated problems arising from the observation that combinations of capital mattered. One was to stress the role of the entrepreneur experimenting in light of the impossibility of knowing what combinations of capital were best. Another was how to measure combinations of capital of different types and ages, a problem taken up in the Cambridge Capital Controversy (a lively discussion is in a podcast by Noah Smith and Brad DeLong, "Hexapodia XII: The Cambridge Capital Controversy," May 5, 2021, https://www.bradford-delong.com /2021/05/podcast-hexapodia-xii-%C3%BEe-cambridge-capital-controversy.html).

A solution to this question, used by statistical agencies today, is weighting together capital types by their rental rates, proposed by the economists Robert Hall and Dale Jorgenson (1967). Erwin Diewert (1976) showed how such a solution can be applied when capital was used in combination (a retail building and a supply vehicle in traditional retail) or substitution (a retail building versus a warehouse and delivery van in e-commerce).

7. Goldin and Katz 2008.

8. See the discussion in, for example, Cowen and Southwood (2019).

9. Wilsdon et al. 2015.

10. The Augar review, "Independent Panel Report to the Review of Post-18 Education and Funding," May 2019, https://assets. publishing.service.gov.uk/government /uploads/system/uploads/ attachment_data/file/805127/Review_of_post_18_education _and_ funding.pdf, 31.

11. Campbell 1979; Goodhart 1981.

12. Nielsen 2013.

13. Williamson et al. 2020.

14. Ritchie 2020.

15. Aarts et al. 2015.

16. For example, Dattani and Bechhofer 2021.

17. Bessen and Meurer 2009.

18. Boldrin and Levine 2013.

19. Justin Tranter quoted in "To Succeed in a Business That Doesn't Really Want Anyone to Succeed, You Have to Be Quite Confident," interview by Dave Roberts, Music Business Worldwide, May 21, 2020, https://www.musicbusinessworldwide.com/justin-tranter-to-succeed-in-a-business-that-doesnt-really-want-anyone-to-succeed-you-have-to-be-quite-confident/?fbclid=IwAR3IPUzTde8xV dy8bjZlKOKqHtDcNSlRw NC7f XvZWUJODOIG0Ez8T4sLV-w.

20. Heller 2008.

21. Khan 2014.

22. Hall et al. 2014.

23. See Kleiner (2006). Forth et al. (2011) estimate that at least 20 percent of the US workforce is subject to licensing. Six percent of the US workforce is certified, and 14 percent of the UK workforce is certified.

24. Phelps 2013; Ridley 2020.

25. Mazzucato 2021.

26. This idea is developed further in Mazzucato (2021).

27. Discussed in Jeffrey Mervis, "U.S. Lawmakers Unveil Bold $100 Billion Plan to Remake NSF," *Science*, May 26, 2020, https://www.sciencemag.org/news/2020/05/us-lawmakers-unveil-bold-100-billion-plan-remake-nsf.

28. In Cowen and Southwood 2019.

29. Eghbal 2016.

30. Quoted in "Good Data: With Ben Goldacre," Digital Health, January 14, 2016, https://www.digitalhealth.net/2016/01/good-data-with-ben-goldacre/.

31. Dan Davies, "Midsummer in Midwinter," *Crooked Timber* (blog), March 22, 2015, https://crookedtimber.org/2015/03/22/the-world-is-squared-episode-6-midsummer-in-midwinter/.

32. Kremer 1998. For more on prizes and other innovation-encouraging mechanisms applied to vaccines, see Kremer and Snyder (2020).

33. Gans 2020.

34. Milgrom and Roberts 1988.

35. Taylor 2016.

36. Johnstone 1999.

第5章

1. Whitehead 1911, 46.

2. Lowenstein 2001.

3. McLean and Elkind 2005.

4. There are differences between countries here. Broadly speaking, compared with US companies, European companies rely

much more on bank loans for debt rather than bonds, and much less on equity (see, e.g., de Fiore and Uhlig 2011). Porta et al. (1997) argue that, compared with Europe, the United States and the United Kingdom have common-law traditions that offer more protection of shareholders and creditors, hence favouring equity and bonds rather than bank loans. De Fiore and Uhlig (2011) also argue that there is less public information in Europe about company creditworthiness, thus raising the importance of banks, which have to gather information about the firms to which they lend.

5. Davies 2014.

6. For a formal discussion, see Holmstrom (2015). Holmstrom discusses the simplest collateralisable debt contract: a pawnbroker lending money against a watch. The pawnbroker has to figure out the value of the watch and then lend that value minus an allowance for default. But that lower bound is established by one party to the contract and is not necessarily the value of the watch. This debt contract doesn't require both parties to agree on a common value, a maximum value, or a share of resulting cash flow. And once the debt is paid back to the pawnbroker, the watch is restored: nobody needs to agree on what the value of the watch is now or might have been. Debt contracts with collateral are therefore highly information saving. Further, when times are bad and lenders think the principal will not be paid, a substantial crisis can emerge because lenders now demand

the very information that the structure is designed to economise on.

7. Cecchetti and Schoenholtz 2018.

8. Drechsel (2021), Greenwald (2019), and Lian and Ma (2021) have highlighted the pervasive use of loan covenants related to earnings. And Lim, Macias, and Moeller (2020) show that after an accounting change that booked intangible assets, borrowing rose; importantly, borrowing rose after the accounting change when identified intangibles assets rose, not all intangible assets. (Assets were identified by a record of the purchase price paid for them and consisted of things like trademarks, domain names, and mineral rights.) An unidentified intangible asset was acquisition goodwill.

9. Lian and Ma 2021.

10. Dell'Ariccia et al. 2017.

11. Kaoru, Daisuke, and Miho 2017.

12. Lim, Macias, and Moeller 2020.

13. Ampudia, Beck, and Popov 2021.

14. "Box 4, The Supply of Finance for Productive Investment," in Bank of England, Financial Policy Committee 2020.

15. Wyman and British Business Bank 2019, 23.

16. "Patient Capital Review, Industry Panel Response, October 2017," https:// assets.publishing.service.gov.uk/government/uploads/system/uploads/attachment_data/file/661397/PCR_Industry_panel_response.pdf.

17. Brazier 2020.

18. Duval 2017; Duval, Ahn, and Can 2018.

19. Lakonishok, Shleifer, and Vishny 1994.

20. See Daniel Finkelstein, The Fink Tank, accessed July 31, 2021, https://extras.thetimes.co.uk/web/interactives/7da9de56f480e009b5e9f18b279859d7.html.

21. Lev and Gu 2016.

22. Lev and Srivastava 2019, 24.

23. Brav, Jiang, and Ma 2018.

24. As Brav and colleagues are careful to point out, this does not mean that hedge fund investment is the cause of these effects, because hedge funds might invest in the very firms where the opportunities for such changes are easy to realise.

25. Arora, Belenzon, and Patacconi 2015, 2018; Arora, Belenzon, and Sheer 2021.

26. Arora, Belenzon, and Sheer 2021.

27. Arora, Belenzon, and Sheer 2021, 878.

28. Brav, Jiang, and Ma 2018.

29. Edmans 2009.

30. Kay and King 2020.

31. There is an additional path, via consumption. Changes in interest rates change savings for those who can easily borrow and lend, with a lowering of rates typically helping with spending as

people save less. For those who cannot borrow and lend easily, there is a potentially much larger effect: if rates are lower on whatever borrowing they have made or might have to make to tide them over, then those lower rates free up some cash for them to spend. Finally, low interest rates depreciate the exchange rate, other things being equal, as money flows to countries with higher rates, raising a country's competitiveness and net exports.

32. Bean, Larsen, and Nikolov 2002.

33. Gilson and Altman, 2010.

34. A recent review of the US position is Del Negro et al. (2020) and, for the UK position, Cunliffe (2017). Some dispute that the Phillips curve has become flatter (McLeay and Tenreyro 2020), but this issue has been widely discussed.

35. Subir Lall and Li Zeng (2020) find that rising investment in intangibles across countries is associated with a flattening aggregate supply curve, arguing that this trend is consistent with a flattening Phillips curve.

36. This section is based on Haskel (2020a).

37. Daly 2016; Rachel and Smith 2015.

38. See Kevin Daly "A Higher Global Risk Premium and the Fall in Equilibrium Real Interest Rates," VoxEU, November 18, 2016, https://voxeu.org/article/higher-global-risk-premium-and-fall-equilibrium-real-interest-rates.

39. Implicit in this argument is that interest rates go "too negative," that is, they cannot decline much below zero.

40. Brassell and King 2013.

41. Nanda and Kerr 2015.

42. Lerner and Nanda 2020.

43. NESTA 2016.

44. Davies 2015.

45. Dell'Ariccia et al. 2017.

46. Bahaj et al. 2021.

47. Thais Jensen, Soren Leth-Petersen, and Ramana Nanda (2014) find a rise in entrepreneurship following a Danish mortgage reform that allowed unlocking of home equity.

48. Bank of England, Financial Policy Committee 2020, table D.B.

49. Davies 2015.

50. Bell et al. 2019.

51. Mirrlees and Adam 2011; OECD 2021.

52. Kortum and Lerner 2000.

53. The Investment Association 2020.

54. See Wyman and British Business Bank 2019.

55. Such changes would be, for example, relaxing regulations around investing in illiquid assets. See the Productive Finance Working Group, Minutes of the First Technical Expert Group (TEG)

Meeting, 12 February 2021, https://www.bankofengland.co.uk/-/
media/boe/files/minutes/2021/productive-working-group-minutes-
february-2021.pdf?la=en&hash=1D243F9291E0B92562F762D
69787ACBA28798D08.

56. Brazier (2020) writes, "No one is suggesting moving all
pension assets to illiquid equity assets; rather, the goal is to enable
more, and more diversified, assets from the current almost-zero base.
Indeed, young members and older members have different liquidity
preferences. As long as liquidity and longevity/maturity of assets and
liabilities are well thought through and aligned, there should not be an
'unwarranted risk'."

57. Ahn, Duval, and Sever 2020.

58. What is the difference between this arrangement and QE?
QE means that the central bank issues interest-bearing central bank
reserves, which pay Bank Rate, and buys interest-bearing (long-dated)
government bonds. Thus the central bank's assets are long-dated
bonds, and liabilities are central bank reserves. Currently, the interest
rate on such long-dated bonds is higher than Bank Rate, so the central
bank is remitting money to the Treasury. If Bank Rate were to rise,
the central bank would have to get money from the Treasury or some
other source to pay the rates due. The result is a potential loss but not
a guaranteed loss in the sense of a subsidy to commercial banks.

59. Blanchard, Dell'Ariccia, and Mauro 2010; Smith et al. 2019.

60. Feyrer and Sacerdote 2013.

61. Blanchard, Dell'Ariccia, and Mauro 2010.

62. The responsiveness of the economy to spending programs is bigger when the citizens who benefit spend and invest more. In adverse economic circumstances, consumers in low-income jobs typically have few resources to draw from or find it difficult to borrow. The impact of stabilisation-type policies, such as temporary tax cuts, on their consumption is likely to be very large, which makes fiscal policy potentially extremely potent.

63. For the mathematically minded, the equation is

$$\left(\frac{\text{Debt}}{\text{GDP}}\right)_t - \left(\frac{\text{Debt}}{\text{GDP}}\right)_{t-1} \approx (r_t - g_t)\left(\frac{\text{Debt}}{\text{GDP}}\right)_{t-1} + \left(\frac{\text{Primary Deficit}}{\text{GDP}}\right)_t$$

where r is the real interest rate, g is the real growth rate of GDP, and the primary deficit is the difference between noninterest spending and revenues.

64. Furman and Summers 2020.

第 6 章

1. As discussed in Clay Jenkinson, "Thomas Jefferson, Epidemics and His Vision for American Cities," Governing, April 1, 2020, https://www.governing.com/context/Thomas-Jefferson-Epidemics-

and-His-Vision-for-American-Cities.html.

2. Letter from Thomas Jefferson to Benjamin Rush, September 23, 1800, in National Archives, Founders Online, https://founders.archives.gov/documents/Jefferson/01-32-02-0102.

3. Letter from Thomas Jefferson to Benjamin Rush, September 23, 1800.

4. Haskel 2021.

5. Duranton and Puga 2014.

6. Glaeser 2011.

7. Clancy 2019.

8. Jaffe, Trajtenberg, and Henderson 1993.

9. Berkes and Gaetani 2019.

10. An active debate in the United Kingdom looks at whether the rise in house prices since the 1980s has been driven by restrictive supply, unanticipated lower real interest rates, or a combination of both. The regional dispersion, with higher growth in London than elsewhere, suggests that supply also plays a role. Furthermore, there are periods where real rates fell but house prices didn't move, and vice versa. See Lisa Panigrahi and Danny Walker, "There's More to House Prices than Interest Rates," Bank Underground, June 3, 2020, https://bankunderground.co.uk/2020/06/03/theres-more-to-house-prices-than-interest-rates/. For differing views, see David Miles and Victoria Monro, "What's Been Driving Long-Run House Price

Growth in the UK?," Bank Underground, January 13, 2020, https://bankunderground.co.uk/2020/01/13/whats-been-driving-long-run-house-price-growth-in-the-uk/.

11. Fischel 2005. See also Pennington 2001.

12. Max Nathan and Henry Overman discuss the impacts of COVID-19 on cities in "Will Coronavirus Cause a Big City Exodus?," Economics Observatory, September 22, 2020, https://www.coronavirusandtheeconomy.com/question/will-coronavirus-cause-big-city-exodus.

13. Forth 2018.

14. Paul Krugman, "The Gambler's Ruin of Small Cities (Wonkish)," *New York Times*, December 30, 2017, https://www.nytimes.com/2017/12/30/opinion/the-gamblers-ruin-of-small-cities-wonkish.html.

15. Moretti 2012.

16. See Waldrop 2018.

17. Cairncross 1997.

18. Cheshire and Buyuklieva 2019.

19. Leunig and James Swaffield 2007.

20. Myers 2020.

21. Ostrom 2005.

22. Hughes and Southwood 2021.

23. This discussion is drawn from Bowman and Westlake (2019).

24. See, respectively, Robert Nelson 1999; Royal Town Planning Institute 2020; and Building Better, Building Beautiful Commission 2020.

25. Glaeser 2020.

26. Walker 2011.

27. As Bogart (2005) discusses, the funding of roads and road repairs is not a new problem. In the seventeenth century, local parishes were unable to charge road users for maintenance and investment. For example, in 1693 Bethnal Green appealed for assistance from county magistrates because its repair expenses amounted to the substantial sum of £200 per year on two major roads to London. However, Bethnal Green had only 200 inhabitants and so did not have the local tax base to pay for road repair. The problem was solved by delegating funding of road building to turnpike trusts, private organisations with a body of trustees with the authority to levy tolls and borrow against toll revenues, which could therefore charge road users and charge for the whole length of the road. Parish records indicate that turnpike trusts boosted road investment relative to parishes with no trusts between 1730 and 1840. This is yet another example of how institutional reform (in this case, collective property rights) helped overcome problems of exchange (in this case, collective-action problems).

28. Shoup 2018.

29. Ostrom 2005. In the United Kingdom, local parking revenues are remitted back to the locality.

30. 30. Skelton 2019, 16.

31. Quoted in Will Tanner, "The Tories May Have Captured 'Workington Man,' but This Is How They Make Sure the Red Wall Turns Blue," *The Sun*, December 17, 2019, https://www.thesun.co.uk/news/10566847/tories-workington-man-red-wall.

32. Swinney, McDonald, and Ramuni 2018.

33. Kerr and Robert-Nicoud 2020, 66.

34. Centre for Local Economic Strategies 2019.

35. This discussion is based on Haskel (2020b).

36. Sawhill and Guyot 2020.

37. Bloom et al. 2013.

38. Gibbs, Mengel, and Siemroth 2021.

39. Deming 2017. Work by the economists Philippe Aghion, Antonin Bergeaud, Richard Blundell, and Rachel Griffith has shown that soft skills, particularly teamwork, are very important for helping wage progression for low-skilled workers and are all the more important if such workers are in high-tech firms (Aghion et al. 2019).

第 7 章

1. Subcommittee on Antitrust, Commercial and Administrative Law of the Committee on the Judiciary 2020.

2. European Union 2020.

3. De Loecker and Eeckhout 2018.

4. Andrews, Criscuolo, and Gal 2016.

5. Schumpeter 1942, 83.

6. Benkard, Yurukoglu, and Zhang 2021; Hsieh and Rossi-Hansberg 2019.

7. Hseih and Rossi-Hansberg 2019, 2.

8. Bajgar, Criscuolo, and Timmis 2020.

9. Gutiérrez and Piton 2019a.

10. Corrado et al. 2021.

11. Peltzman 2020.

12. Armstrong 2015.

13. Hannak et al. 2014.

14. Grubb and Osborne 2015.

15. The following discussion is based on Bowman and Westlake (2019).

16. It is also a counterbalance to the influence costs that might otherwise be incurred by incumbent firms lobbying widely to protect

their current status.

17. 17. CMA 2017.

18. Aridor, Che, and Salz (2020) studied the competition consequences of the General Data Protection Regulation, the EU regulation that, among other things, requires people to actively accept the use of cookies on websites. They found a 12 percent reduction in cookie use. However, most people who opted out had previously been using ad blocker or privacy devices, which randomised their ISP addresses. Opting out gave rise to an interesting effect. For a firm collecting information across *all* users, some of whom were using the ad blocker technology and others who were not, the ad blocker randomness generated a lot of noise, reducing the value of these data. Once those consumers who had previously been using ad blockers opted out, no information about their ISPs was given to the firm. That made the remaining customers *more* easily trackable and identifiable. Thus, whilst the regulation may have helped with the privacy of the people opting out, it decreased the privacy of the remaining parties even more.

19. Markovits 2019, 5.

20. Emma Jones, "Operation Varsity: How the Rich and Famous Cheated the US University System," BBC News, March 18, 2020, https://www.bbc.co.uk/news/entertainment-arts-56427793.

21. Machin, McNally, and Ruiz-Valenzuela 2020.

22. It is interesting to investigate what causes students to underachieve in highstakes exams. Robert Metcalfe, Simon Burgess, and Steven Proud (2019) find that students taking GCSEs during a World Cup year underperform significantly. These students are 12 percent less likely to achieve Cs in at least five subjects, compared with those taking GCSEs during a non–World Cup year. The problem is even worse for boys from a poor background, whose grades suffer by as much as a third. In addition, transitory spikes in air pollution significantly lower long-term school achievement among pupils in Israel (Ebenstein, Lavy, and Roth 2016), and high summer heat lowers exam scores among New York high school students, with impacts on graduation status (Park 2020).

23. BMG Research, "New GCSE Grades Research amongst Employers," report for the Office of Qualifications and Examinations Regulation (Ofqual), Ofqual/13/5334, November 2013, https://assets.publishing.service.gov.uk/government/uploads/system/uploads/attachment_data/file/529390/2013-11-01-bmg-research-with-employers-on-new-gcse-grades.pdf.

24. 24. Acemoglu 1999, 1270.

25. Lewis 2000.

26. Department of the Treasury Office of Economic Policy, the Council of Economic Advisers, and the Department of Labor 2015.

27. Caplan 2018.

28. See Noah Smith, "College Isn't a Waste of Time," Bloomberg, December 2017, https://www.bloomberg.com/opinion/articles/2017-12-11/college-isn-t-a-waste-of-time.

29. Caplan 2017.

30. Arcidiacono, Bayer, and Hizmo 2010.

31. Sibieta, Tahir, and Waltmann 2021.

32. National Audit Office 2002.

结　论

1. Vollrath 2020.

2. Goldstone 2002.

3. Mokyr 1994.

4. Van Bavel 2016.

5. For those with an economics background, you can think of an underlying production function describing the output of collective goods. Such goods might be classic public goods (e.g., streetlights), but they might also be private collective goods (e.g., coordination activities within firms). Assume that collective output requires capital and hours of productive labour as is conventional plus coordination activities. (Coordination activities do not appear in a classic production function in a firm that specifies only capital

and labour, but that is because a firm is viewed as a set of blueprints efficiently combining capital and labour inputs with no assumed costs of coordinating such inputs.) So there is an upward-sloping curve, not drawn in figure C.1, reflecting this production relation: the output of goods to coordination activities and information. The downward-sloping curve drawn in figure C.1 assumes that the more collective and centralised the output, the greater the incentive to allocate time to influence activities and distort information, or the more that information is lacking owing to collective provision lessening experimentation. Thus, the drawn curve describes not the underlying production of collective goods but rather the constraints to such production.

6. Milgrom and Roberts 1988, 1990.

7. Ridley 2020.

8. Paul Romer, "Why the World Needs Charter Cities," July 1, 2009, https:// paulromer.net/video-why-the-world-needs-charter-cities-ted/.

9. In addition, the algorithm they use (for example, scientific publications) might dissuade synergies.

10. Johnson and Koyama 2017, 2.

11. North and Weingast 1989.

12. Johnson and Koyama 2017, 3.

13. O'Reilly and Murphy 2020.

14. Quoted by Alex Singleton, "Sir John Cowperthwaite: Free-Market Thinking Civil Servant behind Hong Kong's Success," *The Guardian*, February 8, 2006, https://www.theguardian.com/news/2006/feb/08/guardianobituaries.mainsection.

15. The argument is delicate: politicians typically delegate operational policy but set the targets for a central bank.

16. Taylor 2016.

17. Lorenzo Castellani, "L'ère du technopopulisme," *Le Grand Continent*, March 16, 2018, https://legrandcontinent.eu/fr/2018/03/16/lere-du-technopopulisme/?utm_campaign=Matt%27s%20Thoughts%20In%20Between&utm_medium=email&utm_source=Revue%20newsletter.

18. Fukuyama 1995; Puтnam 1994.